테리 래플린의 **TI 수영 교과서**

Extraordinary Swimming For Every Body
by Terry Laughlin

Copyright ⓒ 2006 by Terry Laughlin
This edition is published by arrangement with Terry Laughlin
All rights reserved

Korean Translation Copyright ⓒ 2014 BONUS Publishing Co.
Korean edition is published by arrangement with Terry Laughlin
through Corea Literary Agency, Seoul

이 책의 한국어판 저작권은 Corea에이전시를 통한 Terry Laughlin과의 독점계약으로 보누스출판사에 있습니다.
저작권법에 의해 보호를 받는 저작물이므로 무단 전재와 무단 복제를 금합니다.

테리 래플린의
TI 수영 교과서

테리 래플린 지음 | 폴 안 감수
정지현 · 김지영 옮김

Total Immersion
Extraordinary swimming for every body
: a guide to swimming better than you ever imagined

보누스

초보자든 상급자든 누구나
편안하게, 아름답게, 빠르게 수영할 수 있다

운동 신경이 좋은 사람, 특히 수영에 재능이 있거나 프로 코치의 지도를 받은 사람, 또는 혹독한 연습을 견디고 끊임없이 훈련에 매진한 사람만이 수영을 잘할 수 있다고 생각하는가?

만일 그렇게 생각한다면 오해다.

편안하고 아름답게 수영하는 법은 연령, 체력, 체형 그리고 경험이나 연습량과 상관없이 누구나 익힐 수 있다.

그 비결은 무작정 연습에 돌입하는 것이 아니라, 물속에서의 몸의 움직임을 이해하고 얼마나 현명하게 훈련하느냐에 있다.

우선 머리로 이해한 다음 실제로 수영을 하면서 실천한다. 몸과 마음으로 동시에 이해하면서 한 단계씩 착실하게 훈련해 나가면 실력은 반드시 향상된다. 이 방법은 성인들을 위한 실력 향상법으로는 최적이라 할 수 있다.

토털 이멀전(Total Immersion)이라는 '명칭은 기술을 체화시킨 상태'(Totally Immersed)에서 유래됐다.

효율적으로 수영하는 획기적인 방법

이 책에서 소개할 '토털 이멀전(TI)'은 40년 이상의 코치 경력을 자랑하는 테리 래플린이 선수들의 영법과 유체 역학에 기초하여 창시한, 혁신적인 수영 이론이자 연습법이다.

창시자인 테리 래플린은 예순에 가까운 나이에도 현역 선수로 활동하고 있다. 2006년에는 미국 마스터스에서 연간 최고 성적을 기록한 사람만이 선출되는 올스타 선수로서 50~54세 부문에 뽑혔다. 또한 마스터스 전미 선수권에서 우승을 거두었으며, 1마일 경기(1.6km)에서 전미 기록을 세웠다.

토털 이멀전의 영법은 미국뿐만 아니라, 세계 21개국에 널리 알려져 있다. 일본에는 2005년에 소개되었으며, 우리나라에도 이미 전해져 TI KOREA의 출범을 앞두고 있다. 이 책은 미국에서 출판된 'Extraordinary Swimming for Every Body'의 번역본으로 토털 이멀전의 영법을 이해하기 쉽도록 재구성하였다. 이하 토털 이멀전의 영법을 'TI 수영'이라고 칭하기로 한다.

편안하게, 아름답게, 빠르게 '물고기처럼 수영하는 방법'을 익힌다!
육상 스포츠보다 수영이 어렵다고 느껴지는가? '육상에서는 가능한데 왜 물속에서는 잘 안 되는 거지?'라고 생각하는가?

그렇게 느끼는 것은 TI 수영에서 말하는 '물고기처럼 수영하는 방법'을 익히기 위한 중요한 포인트가 된다. 이 포인트만 잘 익힌다면 누구나 편안하게, 아름답게, 빠르게 '물고기처럼 수영할 수 있게' 될 것이다.

또한 누구나 가능한 '물고기처럼 수영하는 방법'은 초보자뿐만 아니라 중·상급자들의 의식 개혁에도 도움이 된다. 건강 증진이나 다이어트가 목적인 사람들에게는 이 책이 즐거움을 선사할 것이고, 수영 기록을 단축시키고 싶은 중급자 이상의 프로들에게는 지금까지 몰랐던 새로운 지식을 깨닫는 계기가 될 것이다.

아무리 노력해도 실력이 늘지 않는 사람, 아무리 노력해도 재능이 없다고 느끼는 사람, 나이 때문에 점점 실력이 떨어진다고 착각하는 사람 들이 많다. 하지만 이 책은 모든 사람들이 갖고 있는 수영 상식을 뒤집는다. 그리고 일단 읽기 시작하면 당장이라도 수영장에 달려가 TI 수영법을 적용해서 연습해보고 싶을 것이다.

지금 당장 편안하게, 아름답게 수영하는 새로운 경험을 해보지 않겠는가?

그럼 이제 시작해보자!

3단계에 따라 알기 쉽게
'물고기처럼 수영하는 방법'을 익히자

이 책의 목표는 누구나 편안하고 아름답게 '물고기처럼 수영하는 방법'을 익히는 데에 있다. 이를 위해서 '이해', '납득', '실천'의 3단계로 구성되었다.

하나씩 설명하면, 단계 1에서는 '물고기의 헤엄'과 '사람의 수영'의 차이점을 알고 '물고기처럼 수영하는 것이 무엇인지'에 대해 이해한다.

그리고 단계 2에서는 물고기처럼 수영하는 방법을 분석하고, 나아가 그 방법을 익히기 위한 '드릴 연습'을 한다. TI 수영의 특징인 드릴 연습은 자유형, 평영, 배영, 접영의 4가지 영법에 맞춰 각각 실시한다. 그리고 단계적으로 명확한 목표를 세우고 이를 의식하면서 연습하는 것이 수영을 보다 효율적으로 배우는 좋은 학습법이다.

드릴 연습을 통해 머리와 몸으로 이해하면서 기본 기술을 익혀 나간다.

마지막 단계 3은 '좀 더 아름답게, 빠르게 수영한다'에 초점을 맞춰 4가지 영법의 기술을 연마하는 방법과 시간을 단축하는 방법에 대해 설명한다.

25미터를 완주하고 싶은 초보자부터 좀 더 멋진 자세로 수영하고 싶은 중급자, 새로운 기록을 세우고 싶은 상급자까지 모든 레벨의 선수들이 활용할 수 있는 실전 내용을 담고 있다.

편안하게, 아름답게 수영할 수 있다는 것은 어떤 의미일까?

TI 수영의 콘셉트는 '물고기처럼 수영한다'이다. 그렇다면 구체적으로 '물고기처럼 수영한다는 것'은 어떤 의미일까?

다음은 기존의 수영과 '물고기처럼 수영하는 것'이 어떻게 다른지를 비교한 것이다.

기존의 수영	물고기처럼 수영하기
젓는다	젓지 않는다
찬다	차지 않는다
많이 헤엄친다	계속 헤엄칠 수 있다
열심히 헤엄친다	편안하게 헤엄칠 수 있다
물과 씨름한다	물과 조화를 이룬다
힘들다	즐겁다
느리다	여유롭지만 빠르다

자유형을 예로 들어보자.

기존의 수영법은 열심히 물을 차거나 저어서 앞으로 나아간다. 그런데 '물고기처럼 수영하는 방법'은 손으로 물을 젓지도, 발로 물을 차지도 않는다. 물보라를 일으키지 않고 조용히 앞으로 나아간다. 사진을 보면 마치 정지해 있는 것처럼 보일 것이다. 사실 이렇게 아름답고 우아하게 수영을 하면 물의 저항이 적어서 '쓰윽' 하고 조용히 앞으로 나아가게 된다. 소리를 내지 않고 빠르게 수영하는 모습은 마치 물고기와 같다. 지금까지의 수영법과 전혀 다르기 때문에 이 모습을 보고 깜짝 놀라는 사람도 적지 않다.

기존의 수영

물보라를 만드는 '물을 휘저으면서 수영하는 모습'이다.

물고기처럼 수영하는 것

손으로 물을 젓지도, 발로 차지도 않기 때문에 물보라가 생기지 않는다.

차례

초보자든 상급자든 편안하게, 아름답게, 빠르게 수영할 수 있다 005
3단계에 따라 알기 쉽게 '물고기처럼 수영하는 방법'을 익히자 007
편안하게, 아름답게 수영할 수 있다는 것은 어떤 의미일까? 008

STEP 1
이해 : '물고기처럼 수영하는 것'을 이해한다

'물고기의 헤엄'과 '인간의 수영'은 다르다 016
'편안하게, 아름답게, 우아하게 헤엄친다 = 효율적으로 수영한다 017
'물고기처럼 수영'하기 위한 3가지 기본 기술 019
   기본 기술 **1** 몸의 균형을 유지하는 기술 019
   기본 기술 **2** 저항이 적은 자세 021
   기본 기술 **3** 몸 전체(동체)로 전진하는 기술 023
4단계로 기술을 익힌다 024
1, 2시간의 드릴 연습만으로 당신의 수영 실력이 확연히 달라진다 025

STEP 2
납득 : 자유형, 배영, 평영, 접영의 드릴 연습을 실시한다

체내화하기 위한 '드릴' 연습 028
드릴 연습의 4가지 효과 028
효과적인 드릴 연습의 방법 030
드릴 연습 시 주의 사항 031
'주의 사항'을 의식하면서 연습하자 033

Drill
자유형

자유형은 마스터하기 어렵다 036
자유형의 개선 포인트 038
자유형의 호흡을 개선한다 046
자유형의 킥을 개선한다 048
자유형의 완성형 050
자유형의 드릴 연습 055
    드릴 1 슈퍼맨 글라이드 055
    드릴 2 피쉬 058
    드릴 3 스케이팅 060
    드릴 4 언더 스케이트 064
    드릴 5 언더 스위치 066
    드릴 6 지퍼 스케이트 070
    드릴 7 지퍼 스위치 075
    드릴 8 오버 스위치 078

테리 래플린의 TI 칼럼 나이가 들어도 수영 실력은 개선될 수 있다 080

Drill
평영

자유형이 어려운 사람은 평영부터 시작하자 084

평영의 개선 포인트 086
평영의 완성형 095
평영의 드릴 098
   드릴 1 호흡 없이 손을 움직이는 방법 099
   드릴 2 호흡 리허설 103
   드릴 3 호흡하면서 손을 움직이는 방법 105
   드릴 4 스냅과 킥의 조합 108
   드릴 5 백 킥 111
   드릴 6 호흡이 없는 킥 114
   드릴 7 미니풀 117

테리 래플린의 TI 칼럼 힘이 아니라 현명함으로 문제 해결하기 120

Drill
배영

자유형이 가능한 사람도 배영을 연습하자 124
배영의 개선 포인트 125
배영의 완성형 134
배영의 드릴 137
   드릴 1 스위트 스폿 137
   드릴 2 손과 동체의 연동(리커버리 로테이션) 140
   드릴 3 파셜 리프트 144
   드릴 4 피니시업 스위치 146
   드릴 5 캐치업 스위치 149
   드릴 6 트리플 스위치 151

테리 래플린의 TI 칼럼 물은 벽이다 152

Drill
접영

허우적대는 접영에서 우아한 접영으로 변신하자 156
접영의 개선 포인트 157
접영의 완성형 163
접영의 드릴 166
   드릴 1 바디 돌핀 166
   드릴 2 호흡 넣기 169
   드릴 3 워터 엔젤 171
   드릴 4 파도타기 드릴 173
   드릴 5 돌핀 다이브 플라이 177
   드릴 6 편안한 접영 180
   드릴 7 스피드 접영 183

테리 래플린의 TI 칼럼 기다리는 손과 참을성 있는 캐치 184

STEP 3
실전 : 더 아름답게, 더 빠르게 수영하자

더 많이 '의식'함으로써 수영법을 연마한다 188
아름답게 수영하기 위한 '포컬 포인트' 연습 189
빠르게 수영하기 위한 '스트로크 카운트' 연습 194

용어 풀이 203
감수자의 말 205

STEP 1

이해 :
'물고기처럼 수영하는 것'을 이해한다

'물고기의 헤엄'과 '인간의 수영'은 다르다

수영을 잘하지 못하는 것은 흉이 아니다. 또 아무리 노력해도 실력이 늘지 않는다고 부끄러워할 필요도 없다. 자신이 수영을 잘한다고 생각하는 사람은 소수다. 모든 인구의 98%가 '수영을 잘하지 못한다'고 생각한다. 그리고 인간은 육지에서 직립 생활을 하는 동물이기 때문에, 물속에서 그것도 엎드린 자세로 수영한다는 것은 본래 인간이 지닌 소질이 아니다.

① 머리를 들고 ② 손으로 물을 저으면서 ③ 발을 버둥대는,

소위 말하는 '개헤엄'은 육지에서 생활하는 인간의 본능적인 수영법이기도 하다. 그리고 안타깝게도 기존의 코치 방법은 이런 비효율적인 수영법을 강화하는 것이었다.

그렇다면 물고기는 어떻게 헤엄칠까?

물과 조화를 이루고 손과 발을 사용하지 않으면서 몸 전체를 이용하여 추진력(앞으로 나아가는 힘)을 얻는다. 또한 여유롭게 헤엄치는 것처럼 보이지만, 실제로 사람과 비교해보면(신장에 비해) 상당히 빠른 속도로 헤엄칠 수 있다.

TI 수영은 '손으로 젓고 발로 찬다'는 기존의 방법에서 벗어나 '물고기처럼 헤엄친다'에 주목하여 몸의 균형을 유지하고 저항이 적은 자세, 그리고 동체(胴體)의 움직임을 추진력으로 바꾸는 것에 초점을 맞추고 있다. 따라서 TI 수영 방법을 익히면 누구든지 보다 빠르게, 보다 편안하게 '물고기처럼 수영할 수 있게 될 것'이다.

편안하게, 아름답게, 우아하게 헤엄친다
= 효율적으로 수영한다

'수영은 어렵다'라고 느끼는 사람은 당신 혼자만이 아니다. 대부분의 사람들이 연습량에 비해 좋은 결과가 나오지 않고, 물속에서 움직이는 것에 불편함을 느낀다. 이는 우리가 '인간의 본능적인 수영법'을 따르기 때문이다.

인간은 본래 비효율적으로 수영하도록 '프로그래밍'되어 있다. 바꿔 말하면 '살아남기 위해서 손과 발을 버둥거리면서 헤엄'치도록 만들어졌다. 이 같은 비효율적인 수영법은 TI 수영에서 제시하는 편안하게, 아름답게, 우아하게 수영하는 효율적인 자세와 정반대라고 할 수 있다.

안타깝게도 기존의 코치 방법은 이런 '본능적인 수영법'을 강화하는 것이 대부분이었다. 왜 그랬을까?

'본능적인 수영법'을 따르게 되는 이유 1

물속에서 '가라앉는다'고 생각하기 때문이다

인간의 몸은 원래 가라앉는다. 신체의 여러 부위 중에서 물에 뜨는 부위가 '폐'뿐이기 때문이다. 편안한 자세로 있으면 인체의 95%가 가라앉는다. 부력이 상반신을 띄우고, 중력이 하반신을 잡아당긴다.

실제로 수영장 바닥까지 깊이 가라앉지는 않지만, 뇌에서 '가라앉는다'고 느끼기 때문에 본능적으로 '어떻게든 물 위에 떠 있으려는 생각'에 손발을 움직이는 것이다.

이는 결과적으로 에너지 소비를 초래하는 것으로, '살아남기 위해서 손발을 버둥거리는 스트로크'를 하게 된다.

'본능적인 수영법'을 따르게 되는 이유 2

물의 저항이 크기 때문이다

달리는 자동차 안에서 창밖으로 손을 내밀어보자. 빠른 속도가 아니더라도 '공기의 벽이 얼마나 두꺼운지'를 느낄 수 있다. 이와 마찬가지로 '물속의 벽이 얼마나 두꺼운지'를 알아보기 위해서 물속에서 걷거나 뛰어보자. 물은 공기에 비해 밀도가 840배나 높기 때문에 천천히 걷는다고 해도 물속에서 받는 저항은 매우 크다.

'본능적인 수영법'을 따르게 되는 이유 3

물을 잡는 것이 어렵기 때문이다

앞으로 나아가려고 손바닥으로 물을 저어도 몸에 비해 손은 작고, 물을 잡으려 해도 물은 손가락 사이로 빠져나가고 만다. 즉 물을 몸 뒤로 저으려는 행동은 그 자체가 비효율적인 동작이다.

이 책은 인간의 본능적인 수영법에 따르지 않고 '물고기처럼 수영하는 사람'으로 변화하기 위한 방법을 소개한다.

'물고기처럼 수영'하기 위한 3가지 기본 기술

TI 수영의 콘셉트는 '물고기처럼 수영하는 것'이다.

재능이나 체력, 연령에 상관없이 누구나 물고기처럼 우아하게, 그리고 편안하게 수영할 수 있도록 TI 수영에서는 다음의 3가지 기본 기술을 익히기 위한 연습을 한다.

기본 기술 1

몸의 균형을 유지하는 기술

인간은 부력의 중심(中心)과 중심(重心)이 일치하지 않기 때문에 발이 가라앉기 쉽다. 하지만 의식적으로 몸의 균형을 잡는 것만으로도 몸이 편안하게 물에 뜨게 된다.

사진처럼 편안하게 긴장을 푼 자세가 몸의 균형이 잘 잡힌 상태다.

물속에서 긴장을 풀려면 목의 힘을 빼야 한다

몸의 앞쪽에서 균형을 잡는다. 우선 머리를 물에 맡기고 물의 지지를 받도록 한다. 머리는 몸과 일직선이 되도록 곧게 펴고, 하반신이 물에 뜨도록 팔을 전방으로 쭉 뻗으면 발을 차지 않아도 몸이 수면과 평행을 이루어 물의 저항이 크게 낮아진다.

목의 힘을 빼면 목과 어깨의 긴장도 풀린다.

물속에서 긴장을 풀고 물의 지지를 받는 감각을 알게 되면 기분도 좋아지고 편안해진다. 또한 손과 발을 최대한으로 사용할 수 있는 여유가 생긴다.

사진을 보면 하반신이 위로 떠 있는 것을 알 수 있다.

기본 기술 2

저항이 적은 자세

육지에서 생활하는 인간이 수영을 하게 되면 물의 저항을 크게 받는다. 물고기처럼 저항이 적은 자세를 취해야 효율적으로 수영할 수 있다.

손을 뻗으면 중심(重心)이 추진 방향으로 이동하여 균형을 더 잘 잡을 수 있게 되고, 저항을 적게 받는 자세가 된다. 이는 배영의 자세에도 그대로 적용된다.

사진처럼 몸을 일자로 가늘고 길게 만들면 저항을 줄일 수 있다.

물속의 '구멍'을 뚫고 빠져나가듯이 수영한다

물은 밀도가 높기 때문에 물속을 '빠져나가듯이' 수영해야 한다. 저항을 최대한으로 줄이는 것에 집중하고, 물속에 작은 '구멍'이 있다고 생각하고 그 안으로 몸을 미끄러뜨리듯이 수영하는 것이 가장 좋다.

자유형이나 배영의 경우는 팔을 곧게 앞으로 뻗어 동체와 팔이 일직선이 되도록 한다. 평영과 접영의 경우는 돌고래가 헤엄치듯이 '몸의 웨이브'를 이용해서 앞으로 나아간다.

사진은 자유형이다. '구멍' 속으로 몸을 미끄러뜨리듯이 수영하는 것을 볼 수 있다.

스트로크마다 등을 수면 위로 미끄러지듯이 내밀고, 흉부가 전방으로 부드럽게 미끄러지듯이 나아가도록 한다고 생각한다. 또한 팔로 물속의 '구멍'을 열고 그 구멍 속으로 머리와 동체, 그리고 발을 넣는다. 수면에 가능한 한 가까이 위치하면 저항이 더 적어져 빠르게 헤엄칠 수 있다.

기본 기술 3

몸 전체(동체)로 전진하는 기술

대부분의 물고기는 지느러미를 움직여 전진하는 것이 아니라, 몸을 부드럽게 구부리면서 앞으로 나아간다. 인간도 물고기와 마찬가지로 동체의 움직임에서 추진력을 얻으면 얼마든지 편안하게 오랫동안 수영할 수 있다.

몸 전체(동체)의 회전에서 추진력을 얻어 앞으로 나아간다.

4단계로
기술을 익힌다

TI 수영에서는 다음의 4단계에 따라 기술을 습득한다.

1 문제점을 안다
사람들은 '금세 지친다', '느리다' 등 저마다 자신의 수영 방법에 대한 다양한 불만을 품고 있다. 하지만 해결책에 대해서는 어떻게 하면 좋을지 잘 모르는 상태다.

2 문제점을 인식한다
드릴 연습이나 포컬 포인트(주의 사항)를 통해서 몸의 각 부위를 의식하면서 연습한다. 구체적으로 '어느 부위의 어떤 문제' 때문에 불만이 생겼는지를 알 수 있다.

3 기술을 익힌다
드릴이나 포컬 포인트를 활용하여 '의식 → 평가 → 성과를 얻지 못한 경우에는 별도의 접근 방법을 통해서 의식 → 평가'를 반복한다. 수영에 필요한 기술을 효과적으로 익힐 수 있기 때문에 문제도 해결된다.

4 기술을 체화한다
반복 및 집중 연습을 통해서 딱히 주의를 기울이지 않아도 몸이 알아서 기술을 기억하고 있는 상태까지 실력이 향상된다.
　이를 '완벽하게 체화된 상태=토털 이멀전(Total Immersion)'이라고 한다.
　단, 모든 기술을 습득했더라도 '기술을 익히는 단계'로 돌아가 반복 연습을 실시하고, 보다 높은 레벨을 목표로 삼는 것이 중요하다.

1, 2시간의 드릴 연습만으로
당신의 수영 실력이 확연히 달라진다

'물고기처럼 수영하는 것'은 섬세한 기술이기 때문에 이해하기 어렵다. 그래서 TI 수영은 간단한 동작을 단계적으로 나누어 연습할 수 있도록 '드릴 연습'을 만들었다.

'드릴'을 활용하여 기본 연습을 한두 시간 하는 것만으로도 당신의 수영 실력은 극적으로 변할 것이다. 긴장을 풀고 물에 몸을 맡기듯이 편안하게 수영해보자.

'운동'이라기보다 수영의 '예술적인 부분'을 마스터한다는 생각으로 천천히 연습하는 것이 무엇보다 중요하다.

자유형, 평영, 배영, 접영 등의 각 영법에 맞춘 단계적인 드릴 연습도 있다. 긴장을 풀고 자신감이 붙을 때까지 천천히 드릴 연습을 한다.

하나씩 하나씩 시간과 공을 들여 마스터하면 다음 단계에서 깜짝 놀랄 정도로 편안하고 아름다운 자세로 수영할 수 있게 될 것이다.

또한 긴장감이 풀렸을 때 느껴지는 몸의 감각이야말로 상급 드릴로 올라갈 때 매우 중요한 토대가 된다.

나는 지금까지 연령이나 체력, 체형, 수영 레벨과 상관없이 수많은 선수들의 변화를 직접 목격해왔다. 50대를 넘긴 나 또한 지금도 계속 변화하고 있다.

이제, 다음은 당신 차례다!

다음 스텝에서는 4가지 영법(자유형, 평영, 배영, 접영)의 드릴 연습을 소개한다.

STEP 2

납득 :
자유형, 배영, 평영, 접영의 드릴 연습을 실시한다

체화하기 위한 '드릴' 연습

수영 실력을 단기간에 향상시키는 비결은 무작정 연습하는 것이 아니다. 물속에서의 몸의 움직임을 이해하고 얼마나 현명하게 훈련하느냐에 달려 있다. 양보다는 질이 중요하다.

그의 가장 효율적인 방법이 드릴 연습이다.

드릴은 명확한 목적과 문제의식을 갖고 연습에 임하도록 세분화되어 있다. 효율적인 수영 방법을 '작은 블록으로 나누어' 의식적으로 각 단계에 해당하는 움직임 하나하나를 마스터하면 지금까지와 전혀 다른, 우아한 수영이 가능해진다. 이것이 드릴 연습을 통해서 단기간에 수영 실력을 향상시킬 수 있는 이유다.

드릴 연습의 4가지 효과

드릴 연습에는 다음과 같은 4가지의 효과가 있다.

1 지금까지의 수영법을 쉽게 잊을 수 있도록 하는 효과
2 새로운 기술을 쉽게 익힐 수 있도록 하는 효과
3 시행착오가 아니라 '실제로 하면서 이해'하는 효과
4 올바른 수영법을 '체화'시키는 효과

드릴 연습의 효과 1

지금까지의 수영법을 쉽게 잊을 수 있도록 하는 효과

대개 수영 경험이 많은 사람일수록 오히려 불필요하게 체력을 낭비하는 방법으로 수영을 한다. 드릴은 기존의 수영법과 전혀 다른 움직임이기 때문에 지금까지의 경험이나 수영법에 영향을 받지 않는다. 그래서 '새하얀 도화지'와 같은 상태에서 새로운 영법을 익힐 수 있다.

드릴 연습의 효과 2

새로운 기술을 쉽게 익힐 수 있도록 하는 효과

수영 동작은 신체의 다양한 움직임으로 구성되어 있기 때문에 한 번에 모든 것을 익히기는 불가능하다.

드릴은 다양한 움직임을 하나씩 하나씩 확실하게 마스터할 수 있도록 짜여 있다. 반복 연습을 통해서 기술을 자연스럽게 몸에 익힐 수 있다.

드릴 연습의 효과 3

시행착오가 아니라 '실제로 하면서 이해'하는 효과

각각의 드릴에는 주의해야 할 점이 몇 가지 있다. 주의 사항(포컬 포인트)을 잘 지키면 드릴을 마스터할 수 있고, 그다음 스텝으로 넘어갈 수 있다. 또한 TI 수영의 연습법에서는 자신이 느끼는 '감각'을 매우 중요시한다. 실제로 해보고 '그렇구나!' 하고 느끼게 되면 몸이 기억할 뿐만 아니라, 의욕도 생기기 때문이다.

드릴 연습의 효과 4

올바른 수영법을 '체화'시키는 효과

이제껏 우리는 강사의 설명을 들은 후에 강사가 '자, 그럼 해봅시다!'라고 말하면 그제야 몸으로 표현해보곤 했다. 그래서 자신이 하고 있는 방법이 옳은 것인지 틀린 것인지, 배우는 사람의 입장에서 생각해보면 걱정스러운 부분이 많았다.

그러나 드릴은 스스로 납득하고, 직접 해보고, 감각을 익히면서 이해하는 반복 과정을 통해서 실력을 향상시켜 나간다. 이것이 바로 드릴 연습의 장점이다.

또한 실제로 수영할 때에도 드릴 연습을 통해서 익힌 '감각'을 유지하면서 세세한 부분을 개선할 수 있게 된다.

효과적인 드릴 연습의 방법

기본적으로 드릴 연습을 많이 하면 할수록 실력이 빠르게 향상된다.

하지만 하루에 소화할 수 있는 드릴의 종류는 정해져 있고, 똑같은 드릴을 계속하게 되면 금세 질려버려 의욕을 상실할 수도 있다.

그렇다면 드릴 연습은 어느 정도 해야 적당할까?

대략적으로 초보자의 경우는 수영하는 전체 시간 중 70~80%를 드릴 연습에 배분한다(40분간 물속에 있다면 30분 정도). 균형을 잘 잡고 자세를 잘 갖추는 상급자라면 드릴 연습과 수영 시간을 반씩 배분한다.

대회나 트라이애슬론에 참가하는 경우, 시즌 오프에는 드릴을 많이 배분하고 시즌 인에는 실제로 참가하는 수영 종목의 영법을 많이 연습하는 것이 좋다.

드릴 연습 시의 주의 사항

드릴을 연습할 때에는 다음과 같은 사항에 주의한다.
　이것은 당신이 지금까지 수영을 연습하면서 의식하지 않았던 TI 수영만의 독특한 연습법이다.

드릴 연습의 주의 사항 1

수영하기 전에 생각한다

25m를 드릴 연습으로 수영하기 전에 주의해야 할 포인트(포컬 포인트)를 정해두자. 수영을 마친 후에 그 포인트대로 수영했는지를 확인하고 다음 단계로 넘어간다.

드릴 연습의 주의 사항 2

자신의 감각을 소중히 여긴다

처음 드릴 연습을 할 때는 30분 정도 시간을 들인다. 드릴을 통해서 얻은 감각을 기억하도록 노력한다. 그 이후의 연습에서는 그때 익혔던 감각을 재현하도록 한다.

드릴 연습의 주의 사항 3

연습은 짧은 편이 좋다

1개의 드릴은 1회에 25m 또는 50m를 수영하고 3~5번 심호흡하고 쉬면서 10~15분간 반복해서 실시한다. 아무리 반복해도 감각을 익힐 수 없을 때는 주의 사항을 상기하여 의식하면서 연습한다.

드릴 연습의 주의 사항 4

드릴 연습처럼 수영한다

일단 드릴을 마스터했다면 평소 수영할 때에 접목시켜본다. 드릴을 통해서 얻은 감각이 평소 수영할 때에도 그대로 재현되는지 확인하는 것이 중요하다.

'주의 사항'을 의식하면서
연습하자

드릴에는 특히 주의해서 연습해야 할 '포컬 포인트'가 몇 가지 설정되어 있다.
 드릴을 통해서 의식적으로 연습을 하는 것이 단순히 장거리를 왔다 갔다 수영하거나, 무작정 열심히 연습하는 것보다 실력 향상에 훨씬 더 중요하다는 사실을 기억해야 한다.
 또한 드릴에 관한 설명을 보면 '피쉬', '지퍼 스위치' 등 기존의 수영 관련 서적에서 볼 수 없었던 생소한 용어가 등장한다. 하지만 어떤 드릴이든 일단 읽어보면 구체적인 이미지가 떠올라 무슨 뜻인지 쉽게 이해할 수 있다.

 그럼, 이제부터 드릴 연습에 대해 살펴보도록 하자.

자유형은 마스터하기 어렵다

　자유형은 속도를 높이거나 체력 증강을 목적으로 하는 사람들에게 인기가 많은 영법이다. 왜냐하면 효율적으로 헤엄치면 상당히 빠른 속도를 낼 수 있기 때문이다.
　또한 '트라이애슬론'이라는 스포츠의 보급으로 몇만 명의 마라톤 선수와 사이클 선수, 아마추어 육상 선수들이 좀 더 빠른 속도를 낼 수 있는 자유형을 구사하고 싶다며 의욕적인 모습을 보이게 된 것도 자유형이 종래보다 더 큰 주목을 받게 된 이유 중 하나다.

　하지만 이와 같은 높은 인기에도 불구하고 자유형은 가장 마스터하기 어려운 영법이다.
　손발을 좌우 교대로 움직이는 동작은 손발을 동시에 움직이는 접영이나 평영에 비해 어렵다. 또한 효율적이면서도 리드미컬하게 호흡해야 한다는 점은 자유형과 마찬가지로 손발을 좌우 교대로 움직이는 배영에 비해 어렵다.

잘못된 자유형의 자세로 수영하는 사람이 상당히 많다

다른 영법과 마찬가지로 자유형에 관한 여러 가지 '오해'가 자유형을 마스터하기 어렵게 만드는 요인이 되기도 한다.

기존의 자유형은 ① 손으로 물을 젓고 ② 발로 물을 차고 ③ 가능할 때에 호흡을 하는 방법이었다. 대부분의 사람들은 '자유형은 어렵고 힘들다'고 느끼면서도 일단 훈련을 통해서 연습을 많이 하면 실력이 향상될 것이라고 믿는 것 같다.

이와 달리 TI 수영의 자유형은 종래의 자유형과 근본적으로 전혀 다른 개념을 토대로 삼고 있다.

'균형', '스트림 라인', '기다리는 손' 그리고 '몸의 중심을 이동시키기'를 통해 수영한다. 기존과 전혀 다른 새로운 수영법이기 때문에 관련 서적에서 볼 수 없었던 용어가 등장한다.

TI 수영의 자유형으로 수영할 수 있는 사람은 극소수로, 높은 기술을 자랑하는 프로 선수들과 TI 수영으로 자유형을 배운 사람들로 국한된다. 그 이유는 다음과 같다.

1 스트로크 횟수가 많거나 25m 이상을 수영할 수 있는 사람은 완주하는 데에 모든 신경을 다 쏟기 때문에 영법 자체에 대해 생각할 여유가 없다.

2 '손으로 젓고 발로 찬다는 인간의 본능'이 '균형을 잡고 스트림 라인을 유지하고 멈춘다는, 물고기처럼 수영하는 기술'을 능가하기 때문이다.

이번 드릴의 목적은 인간의 본능적인 움직임을 바꾸는 데에 있다.

물론 어렵고 힘들 것이다. 하지만 드릴을 하나씩 하나씩 연습해 나간다면 누구나 편안하고 아름다운 자유형을 구사할 수 있게 될 것이다. 그러므로 걱정은 잠시 접어 두도록 하자.

자유형의
개선 포인트

자유형의 문제점

자유형은 평영과 마찬가지로 수영을 배울 때 제일 먼저 배우는 영법이다. 또한 평소 사람들이 수영장에서 수영할 때 가장 많이 구사하는 영법이다.

그래서 아래와 같은 문제점이 버릇처럼 굳어지기도 한다. 문제점이라고 의식하지 않고 있거나, 의식하고 있어도 별반 달라지지 않는다며 포기하는 경우가 많아서 쉽사리 고쳐지지 않는다.

1 하반신이 가라앉는다

육상에서 서서 생활하기 때문에 물속에서도 선 자세를 그대로 유지하려고 하거나, 아니면 물에 대한 공포 때문에 사람들은 가능하면 머리를 들고 수영하려고 한다. 그 결과, 허리가 물속으로 가라앉고 다리도 가라앉게 되어 몸 전체로 물의 저항을 받으면서 수영하게 된다.

2 무엇이 추진력(전진하는 힘)이 되는지 모른다

손발을 첨벙대면서 수영하는 모습을 쉽게 볼 수 있다. 물속에서는 물을 뒤로 밀지 않으면 몸이 앞으로 나아갈 수 없다. 손으로 물을 아래로 밀거나, 발을 수면 위로 올려도 앞으로 나아가지 않는다.

3 장거리를 수영할 수 없다

25m 이상은 수영할 수 없는 사람이라도 1분 이상 달리거나, 5분 이상 빠르게 걷는 동작은 충분히 가능하다. 즉 심폐 기능이나 체력의 문제가 아니라, 물속에서 호흡하는 기술을 모르기 때문이다.

4 금세 지친다

인간이면 누구나 온몸의 근육을 긴장시킨 채 1분만 있어도 지치게 된다. 수영을 하면 자신도 모르는 사이에 긴장한 상태가 되기 때문에 지치는 것이다.

이와 같은 문제점을 해결하기 위해서 TI 수영에서는 아래와 같은 포인트를 기술로 익힌다.

자유형의 개선 포인트 1

하반신을 들어 올린다

부력이 폐를 들어 올리고, 중력이 허리를 잡아 당긴다. 그래서 물속에 가만히 있으면 하반신은 자연스럽게 가라앉는다. 가라앉은 하반신은 수평 자세보다 저항이 커지는데, 하반신을 가라앉지 않게 하려고 대부분의 사람들은 다리에 힘을 주고 찬다.

그런데 발을 그렇게 움직이면 균형을 잡기 어려울 뿐만 아니라, 온몸이 금세 피로해지고 리듬과 회전에 방해가 된다. 따라서 몸을 '시소'라고 생각하고 움직여보자.

1 얼굴을 아래로 향하게 하고, 머리에 체중을 실으면 허리와 다리가 물에 뜨게 된다.

2 왼손이든 오른손이든 둘 중 어느 한 손이 항상 머리보다 앞으로 뻗은 상태를 만들면 체중을 앞쪽으로 계속 실을 수 있을 뿐만 아니라, 저항도 줄일 수 있다.

이처럼 체중을 앞으로 싣고 중심을 이동시키면 하반신을 들어 올릴 수 있기 때문에 다리를 물에 띄우기 위한 킥 동작은 필요 없게 된다.

자유형의 개선 포인트 2

물속의 구멍을 빠져 나간다

물은 공기에 비해 840배나 밀도가 높다. 따라서 손과 팔로 물을 반으로 나누듯이 저으면서 전진하는 것보다, 마치 레이저 광선처럼 물속을 뚫고 지나간다는 생각으로 수영해야 한다.

　손으로 젓고 발로 차는 동작 대신에 '오른쪽 방향의 스트림 라인 자세'와 '왼쪽 방향의 스트림 라인 자세'라고 불리는 2가지 자세를 번갈아 하면서 앞으로 나아간다고 생각하자.

　2가지 자세 모두 손가락 끝에서 발가락 끝까지 쭉 펴서 저항을 적게 받도록 한다. 2개의 긴 레일이 양 어깨와 평행하게 있다고 상상하고, 그 레일에 맞춰서 손으로 '물을 자른다'는 느낌으로 입수시키고 몸을 회전하도록 한다.

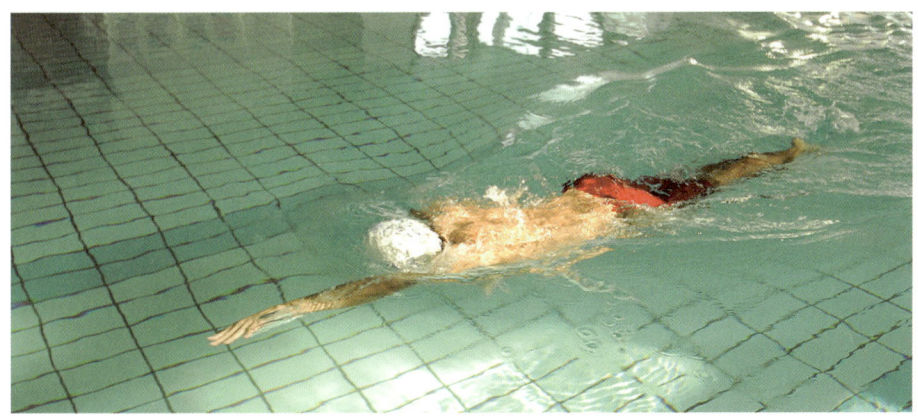

자유형의 개선 포인트 3

몸을 쭉 편다

대부분의 사람들이 속도를 높이기 위해서 손발의 회전을 빠르게 하는데, 빨리 움직이면 움직일수록 오히려 물의 저항이 커지고 에너지도 소모된다.

TI 수영에서는 저항을 줄이고 속도를 높이기 위해서 몸의 길이에 주목한다.

본능적으로 손을 뒤로 젓는 대신에 항상 손을 앞으로 뻗어서 몸의 길이를 가능한 한 길게 만든 상태를 유지하려는, 의식의 전환이 중요하다.

호흡할 때나 자세를 좌우로 바꿀 때에도 뻗은 손은 가능한 한 그 상태를 유지한다. TI 수영에서는 이를 '기다리는 손'이라고 부른다.

반대쪽 손을 빠르게 입수시키거나, 물이 튀지 않도록 조용하게 입수시키는 것도 기다리는 손을 강화하는 데에 도움이 된다.

자유형의 개선 포인트 4

뻗은 손을 가속해서 몸을 앞으로 미끄러뜨린다

상급자는 손을 입수시킨 다음 재빠르게 손가락을 아래로 향하게 한다. 손가락 끝을 아래로 향하게 하고 손바닥을 뒤쪽으로 향하게 하면 물을 쉽게 뒤로 밀 수 있기 때문이다.

TI 수영에서는 종래의 자유형보다 좀 더 빨리 입수시키는데, 이때 저항을 줄이기 위해서 손등과 전완(아래팔)을 일직선으로 만들어 손을 뻗는다(43페이지의 사진에서 오른손의 움직임을 참고한다).

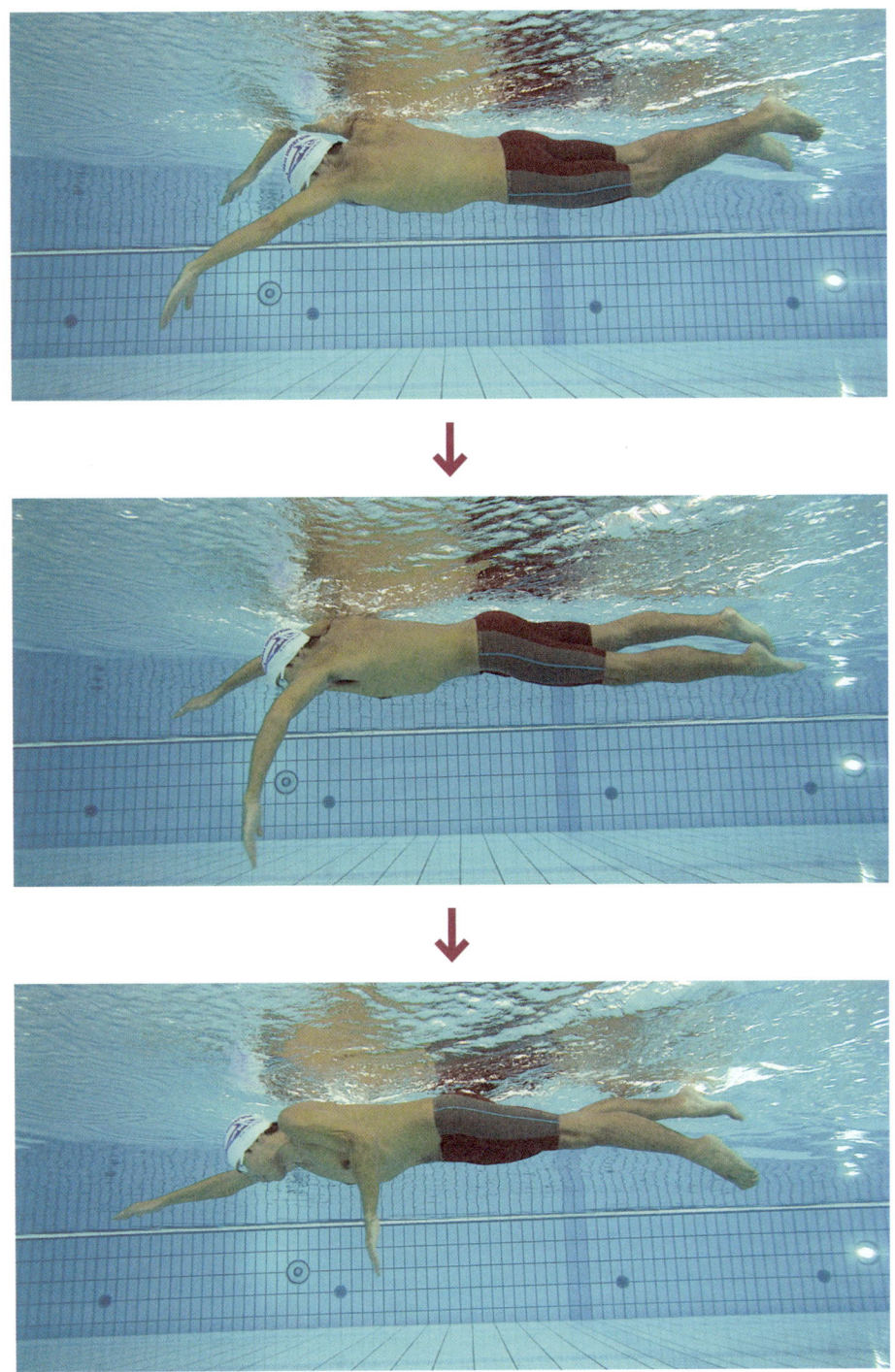

그런 후에 반대쪽 손의 입수가 가까워지면 손목에서 손끝까지의 힘을 빼고, 동일하게 물을 뒤로 밀 준비를 한다(43페이지의 첫 번째 사진에서 왼손의 움직임을 참조한다).

여기서 손의 역할은 '가능한 한 팔 전체를 이용해서 물을 뒤로 미는 것'으로, '물을 손으로 젓는 것'이 아니다.

손바닥과 전완부, 상완부(위팔 부분)로 물을 후방으로 밀면 입수시킨 반대쪽의 손을 한 번에 가속해서 뻗는다(43페이지의 사진에서 오른손을 참고한다).

실제로는 좌우 방향이 바뀌고 물을 후방으로 밀던 손은 그 상태로 뒤쪽으로 움직이기 때문에 기존의 '손으로 물을 젓는다'는 생각으로 수영할 때와 결과적으로는 동일하다. 하지만 '저으려고 손을 움직이는 것'에 비해서 '손을 가속해서 뻗는 것'이 의식하기 쉽고, 또한 근육의 긴장을 최소한으로 줄일 수 있어서 적은 에너지로 수영할 수 있다.

자유형의 개선 포인트 5

체중을 이용해서 수영한다

종래의 자유형에서는 손으로 물을 저어서 몸을 억지로 앞으로 끌고 나아갔다. 그런데 TI 수영의 자유형은 몸을 곧게 펴고 물속을 미끄러지듯이 전진하기 때문에 체중을 이용해서 손쉽게 추진력을 만들 수 있다.

오른손을 뻗은 저항이 적은 자세에서 왼손을 어깨 폭에 맞춰(크게 벌리지 말고) 몸과 평행하게 움직인다.

팔꿈치의 위치를 높게 유지하면 입수 후에 체중을 더욱 쉽게 실을 수 있다.

왼손의 입수와 동시에 체중을 왼쪽으로 옮겨 몸을 회전시키면서 왼손을 가속해서 뻗는다. 종래의 자유형보다 손을 빨리 입수시키는 것은 그만큼 손에 체중을 실을 수 있기 때문이다. 이처럼 왼손과 오른손에 체중을 싣고 빠르게 뻗으면 손으로 물을 젓는 것보다도 훨씬 더 편하게 수영할 수 있다.

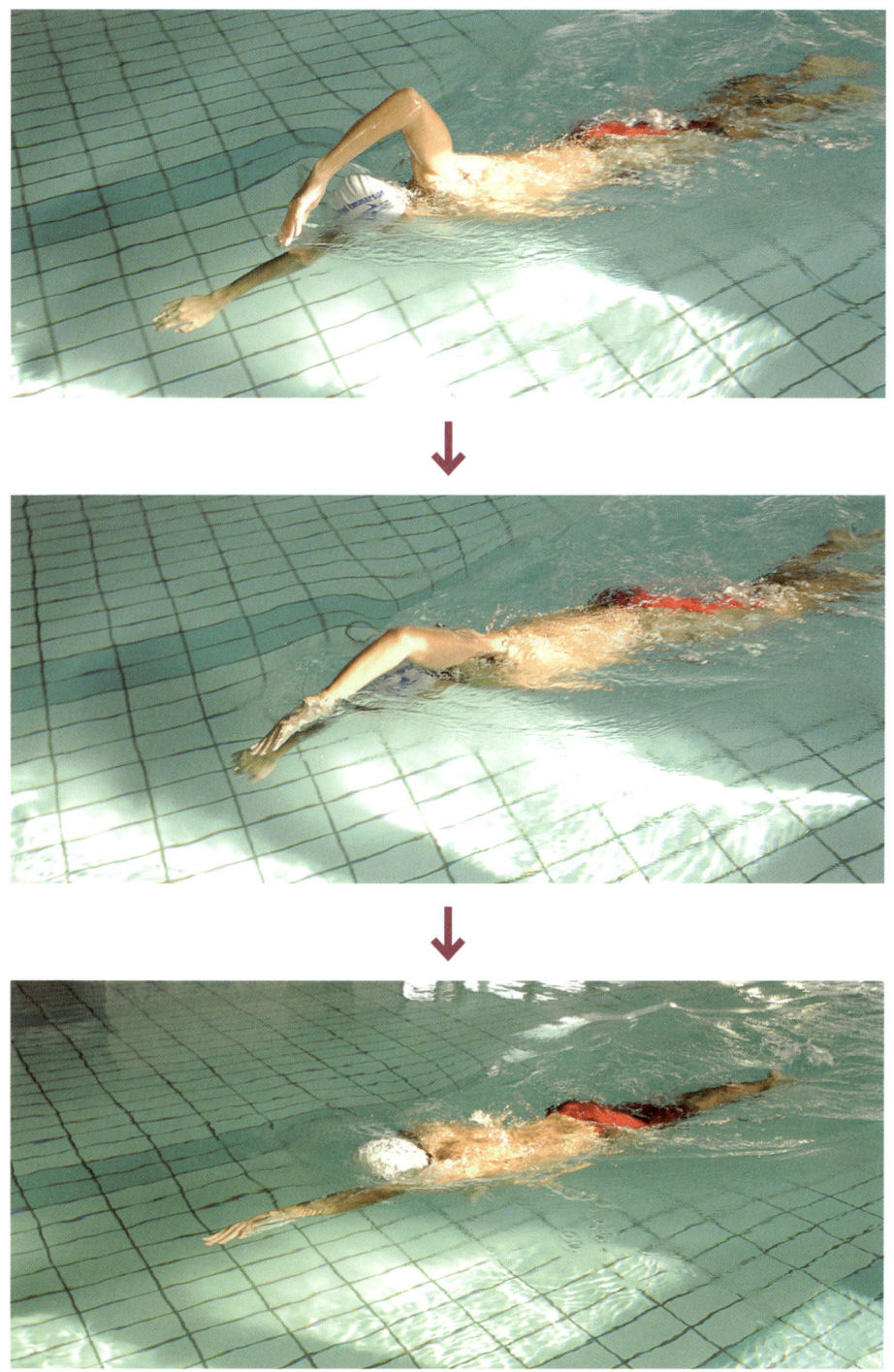

자유형의 호흡을 개선한다

'호흡하는 기술'에 관한 필요한 지식을 익히고 의식해서 연습할 필요가 있다.

호흡의 원칙 1

들이마셨으면 뱉는다

공기를 더 많이 마시려면 물속에서 의식적으로 숨을 많이 뱉어야 한다.

　선 상태에서 얼굴을 물속에 넣고 4개 스트로크에 1회 호흡하는 데에 약 6초, 2개 스트로크에 1회 호흡하는 데에 약 3초로 숨을 뱉는 연습을 한다.

　수영할 때는 계속해서 공기를 뱉는 것보다 손을 입수시키고 가속할 때와 호흡하려고 얼굴을 수면으로 내놓기 바로 직전에 코로 강하게 뱉도록 해서 리듬감을 익히는 것이 중요하다.

호흡의 원칙 2

들어 올리지 말고 회전시킨다

TI 수영의 자유형에서는 머리끝에서 등을 지나 허리에 이르는 '축'을 중심으로 몸을 회전시키고, 몸의 회전과 동시에 얼굴도 회전하도록 해서 입을 수면 위로 내놓는다.

호흡의 원칙 3

들이마시는 시간을 자주 갖는다

호흡은 손이 리커버리(수면 위에서 손을 앞으로 되돌리는 동작)를 하는 사이에 완료한다.

리커버리에 걸리는 시간은 정해져 있기 때문에, 재빨리 얼굴을 수면 위로 내놓으면 그만큼 여유가 생겨 공기를 더 많이 들이마실 수 있다.

좌우 양쪽에서 호흡한다

어느 한쪽으로만 호흡하는 것보다 양쪽에서 호흡하도록 한다. 이렇게 하면 몸의 움직임이 좌우 대칭을 이룰 수 있기 때문에 좋다.

물론 익숙하지 않은 쪽으로 호흡하려면 처음에는 다소 힘들 것이다. 하지만 연습하면 할수록 서서히 익숙해질 것이다. 드릴 연습의 중간 중간에 가능한 한 양쪽으로 호흡하도록 노력하자.

그렇다면 호흡은 어느 타이밍에서 좌우를 바꾸면 좋을까?

4개 스트로크 혹은 2개 스트로크마다 출발할 때는 같은 쪽으로 호흡하고, 되돌아올 때는 반대쪽으로 호흡해보자. 좌우 교대로 호흡하는 것과 동일한 효과를 얻을 수 있다. 바다나 넓은 수영장처럼 벽이 없는 경우에는 일정한 스트로크마다 호흡하는 쪽을 바꾼다.

자유형의 킥을 개선한다

자유형의 킥 종류

킥에는 크게 2가지가 있다. 6비트 킥과 2비트 킥이다.

단거리 수영 선수는 오른손을 입수하고 나서 다시 입수할 때까지의 일련의 동작을 취하는 동안에 발을 6회 차는 6비트 킥을, 또한 장거리 선수나 체력 단련을 목적으로 하는 사람 혹은 트라이애슬론 선수들은 대개 2비트 킥을 선호한다.

2비트 킥은 오른발을 내려 차는 동작과 왼손을 입수하는 동작을 동시에 하도록 하고, 반대쪽도 동일하게 연습한다. 2비트 킥은 에너지 소비가 많지 않고, 이 책에서 강조하는 입수 방법에도 적합하기 때문에 단거리 경기에 출전하는 사람을 제외한 사람들에게 추천한다.

킥이 서투른 사람은?

수영을 시작한 지 얼마 안 되었지만 빠른 시간 내에 '실력 향상을 바라는 사람'이 많다. 대부분(특히 남성들)은 과거에 킥보드를 사용해서 연습했을 때 앞으로 나아가지 않았거나, 혹은 후진한 경험을 갖고 있을 것이다.

이는 발목이 유연하지 않거나, 무릎을 심하게 구부렸기 때문이다.

축구공 등을 차는 대부분의 킥(발로 차는 행위)은 주로 허벅지 근육을 사용하고 무릎을 90도로 구부리는 동작이다.

하지만 수영에 필요한, 발끝을 가볍게 치는 효율적인 킥은 무릎을 30도 정도밖에 구부리지 않는다. 이러한 킥 동작은 허리 굴근과 복부를 이용한다. 사실 아이들은 이러한 킥 동작을 쉽게 구사할 수 있으나, 성인 초급자의 경우에는 그리 간단하지 않다. 올바른 킥 동작을 연습하려면 우선 축구공을 차는 듯한 과거의 킥 습관을 의식적으로 잊어버리려고 노력해야 한다. 다음은 효율적인 킥 동작을 익히기 위한 방법이다.

1 앉아서 하는 킥

발이 물에 잠기도록 수영장 사이드에 걸터앉은 다음, 다리를 쭉 뻗은 상태로 물속에서 발을 앞뒤로 움직인다. 발이 물 속에 있을 때의 감각을 익히기 위해서 한쪽 발로 물을 '휘저어' 본다.

2 수직 킥

킥 보드를 가슴에 안고 깊은 곳에 선 채로 킥을 한다.

킥을 할 때는 항상 허리에서 발끝까지 긴 라인을 유지하도록 집중한다. 발을 길게 부드럽게 움직이고 절대로 경직되지 않도록 노력한다. 무릎을 많이 굽히지 않으려면 후방으로 찰 때는 발뒤꿈치로 리드하고, 전방으로 찰 때는 발끝으로 리드한다.

3 핀(오리발)을 사용한다

핀을 착용하면 핀의 날개가 부드럽게 굽혀지는 만큼 무릎을 굽히지 않아도 된다. 드릴 연습 중에 핀을 착용하면 긴장감을 풀 수 있고, 좀 더 섬세한 감각을 느끼는 데 집중할 수 있다. 하지만 평소 수영할 때는 핀을 착용하지 않는 것이 좋다.

자유형의 완성형

자유형의 완성형을 보면서, 앞으로 어떤 연습을 하게 될지 생각해보자.

1 스케이팅

스케이팅은 TI 수영에서 말하는 자유형의 기본 자세다. 아이스 스케이트의 날을 상상해보자. 쭉 뻗은 손은 어깨보다 낮은 위치에 두고, 머리를 물속에 넣은 채 아래를 바라보면 중심이 앞쪽으로 이동하고 허리와 발이 뜨게 된다.

왼쪽 스케이팅 자세와 오른쪽 스케이팅 자세를 교대로 실시하면 편안하고 아름다운 자유형으로 발전시킬 수 있다.

2 리커버리(수면 위에서 손을 되돌리는 동작)

아래 사진과 같이, 어깨의 연장선상에 있는 2개의 레일에 평행하게 손을 움직인다. 팔꿈치에서 손끝까지 완전히 힘을 빼고 팔꿈치를 앞으로 옮기듯이 리커버리 동작을 한다. 일반적으로 수면 위로 올라간 손만큼 부력이 줄어들기 때문에 균형이 깨지기 쉽다. 그런데 TI 수영에서는 균형 잡힌 자세를 유지할 수 있기 때문에 천천히 리커버리 동작을 할 수 있다.

3 엔트리(손을 입수시키는 동작)

입수시키는 장소나 입수시키는 손의 각도에 따라 다음 단계의 스위치(좌우측의 전환)에 의한 추진력이 결정된다.

　스위치의 효과를 최대화하기 위해서는 종래의 자유형보다 손을 좀 더 빨리 입수시키고, 손의 각도를 예각으로 입수시킨다. 또한 몸의 긴장을 풀고 입수해야 물보라가 튀지 않는 아름다운 자유형을 구사할 수 있다.

4 스위치(좌우측의 전환)

스위치란 좌우측을 전환시키는 동작으로, 동체(몸체)로 전진하는 TI 수영의 엔진에

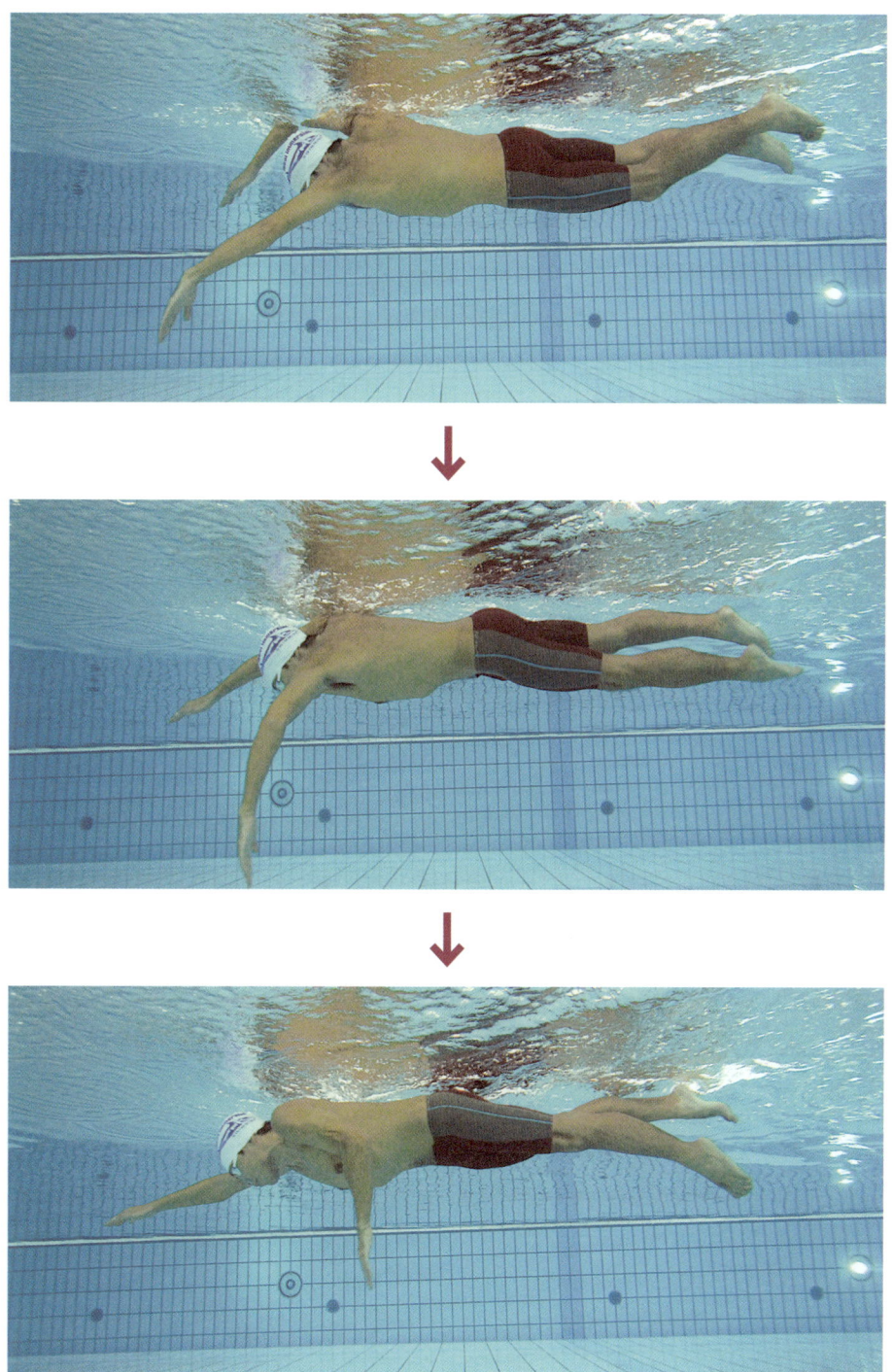

해당하는 동작이다.

   스위치 직전에 뻗은 손의 손목에서 손끝까지 힘을 빼면 손바닥이 뒤를 향하여 물을 쉽게 밀 수 있다. 손바닥만이 아니라 어깨 전체로 물을 미는 한편, 입수한 손과 동체를 이용하여 가속하면 몸이 앞으로 미끄러져 나가는 것을 느낄 수 있을 것이다.

5 글라이드(미끄러지듯이 나간다)

스위치 후에는 반대쪽 스케이팅 자세로 바꾼다. 뒤에 있는 손은 허리 위치에서 멈추지 말고 그대로 다음 리커버리 동작으로 연결한다. 그러면 부드러운 자유형을 구사할 수 있다.

자유형의 드릴 연습

 슈퍼맨 글라이드

드릴 1은 앞뒤로 균형을 잡는 자세를 감각으로 이해하는 연습이다.
　머리에 체중을 싣고 엎드려 뜬다. 엉덩이나 종아리가 수면 위로 떠오를 때까지 앞쪽으로 중심을 이동시킨다.

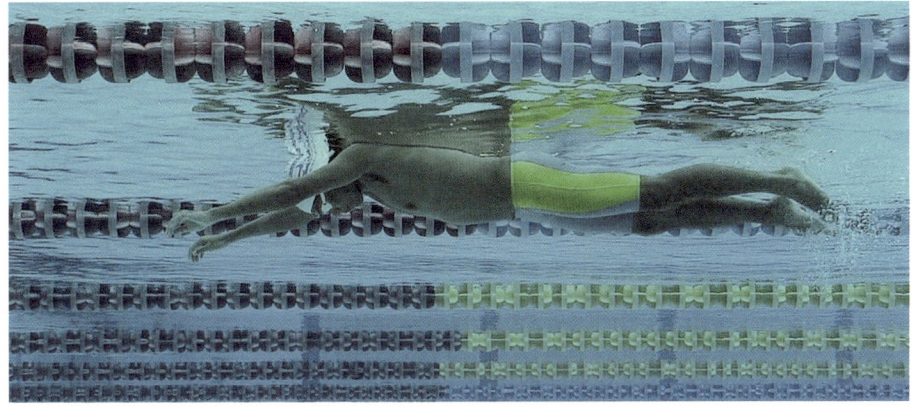

드릴 1의 스텝

1 맨 처음에는 손을 뻗은 상태에서 엎드려 뜬다. 눈은 수영장 바닥에 두는데 수직으로 내려다보고, 뻗은 손은 수면 아래 30~40cm 정도의 위치에 둔다. 킥은 발이 가라앉지 않는 정도로 가볍게 한다.

2 손, 머리 위치, 시선에 따라 허리와 발이 물에 뜨거나 가라앉는 것을 확인한다. 허리나 발이 가장 잘 뜰 때의 머리 위치를 '뉴트럴 포지션'(중립의 위치)이라고 한다.

3 바지를 입었을 때 앞주머니가 위치하는 지점(몸의 옆쪽이 아니라 앞쪽이라는 점에 주의한다)에 양손을 두고 엎드려 뜬다. 겨드랑이를 좁혀서 팔꿈치가 몸에 가볍게 닿도록 한 상태로 양손을 가볍게 허리 앞쪽에 둔다.

드릴 1의 포컬 포인트(주의 사항)

- 뉴트럴 포지션을 발견했다면 CT스캐너에 들어간다고 상상하면서 연습한다. '머리끝 → 목 → 어깨 → 등 → 양쪽 어깨 → 양쪽 손바닥 → 허리 → 무릎 → 복사뼈 → 발끝'의 순으로 힘을 빼고 긴장을 푼다. 이를 TI 수영에서는 '바디 스캐너'라고 부른다. 의식적으로 힘을 빼려고 하면 잘 안 되므로, 우선 각 부위를 힘껏 긴장시킨 다음 한 번에 힘을 빼면 좋다.

- 등을 꺾거나 굽혀서 일자로 만든다.

드릴 1의 트러블 슈팅

- **허리, 발이 가라앉는다** → 눈을 수영장 바닥에 두는데 수직으로 내려다보고, 뒤통수가 완전히 물에 잠길 때까지 가슴으로 물을 누른다. 머리만 물에 넣으려고 하면 '턱을 잡아당긴 상태'가 되어 중심이 이동되지 않는다.

- **앞으로 나아가지 않는다** → 이번 드릴은 균형을 잡는 자세를 감각적으로 이해하는 연습이므로, 전진하지 않아도 특별히 문제 될 것은 없다. 발을 들어 올렸을 때 발등으로 물을 뒤로 민다는 생각으로 내려 찬다.

- **뒤로 간다** → 마치 '자전거를 구르는 상태'가 되면 아무리 킥을 해도 뒤로 가는 경우가 있다. 수영장 사이드에 걸터앉아 공(비닐 소재)처럼 물에 뜨는 물체를 앞에 둔다. 이 볼을 가능한 한 멀리 보낸다는 감각으로 킥을 하면 올바른 킥 동작을 익힐 수 있다. 발을 앞으로 내밀었을 때 발등과 정강이가 일직선이 되도록 한다.

드릴 2 피쉬

이번 드릴은 얼굴을 아래로 향하게 하고 몸은 옆을 향하게 한 상태에서 균형을 잡는 연습이다. 물고기와 같은 자세를 취하기 위한 '피쉬 드릴'이다. 피쉬 드릴은 다음 단계의 드릴에서 중요한 '머리와 몸을 일직선으로 만드는 자세'를 위한 사전 준비라고 할 수 있다.

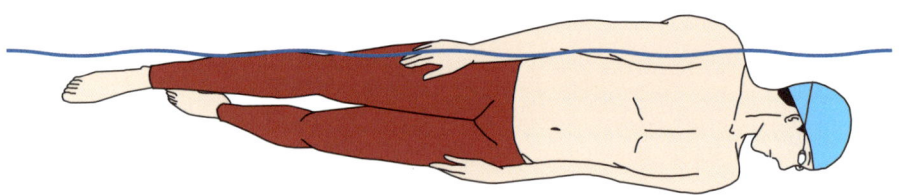

1 양손을 바지 앞주머니의 위치에 두고 엎드려 뜬 자세를 취한다. 눈은 아래를 보고 한쪽 어깨가 수면 위로 올라오도록 몸을 회전시킨다.

2 균형을 잡기 위해서 머리와 물속의 어깨에 체중을 싣는다.

3 머리를 제외하고 모든 신체 부위가 옆을 향하도록 한다. 킥도 옆으로 한다.

드릴 2의 포컬 포인트

- 몸을 회전시킬 때는, 가령 머리끝에서 레이저 광선을 진행 방향의 벽을 향해서 쏘고 그 광선이 움직이지 않도록 한다는 생각으로 동작을 취한다.

- 또한 몸을 회전시킬 때는, 마치 자신이 작은 토관 속에 들어 있다고 상상하고 그 안에서 몸을 회전시킨다고 생각하는 것이 좋다.

- 피쉬 자세에서 시선(얼굴 방향)은 수영장 바닥과 수직을 이루게 한다. 양쪽 어깨의 연장선이 비스듬하게 되도록 한다(아래 그림을 참조한다).

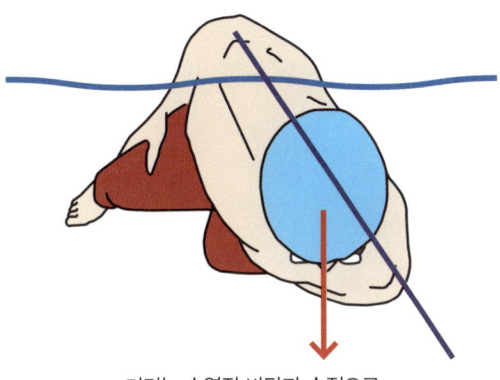

머리는 수영장 바닥과 수직으로

드릴 2의 트러블 슈팅

- **엎드리게 된다** → 물속에 있는 어깨에 체중을 싣도록 한다. 즉 물속의 어깨가 몸의 각 부위 중에서 가장 아래쪽에 있다고 의식한다.

- **몸을 굽히게 된다** → 몸을 회전시킬 때 머리도 함께 회전하거나, 방향이 달라지면 자세가 흐트러져 굽은 자세가 되기 쉽다. 파트너가 있다면 머리가 고정되도록 잡게 하고, 그 상태에서 몸을 회전시킨다. 혼자 연습할 때는 수영장 바닥선이 일정하게 보이도록 몸을 회전시킨다.

 ## 스케이팅

이번 드릴부터는 실제로 자유형으로 수영할 때의 자세를 연습한다. 아이스 스케이트의 날과 같은 자세를 만들기 때문에 이번 드릴 및 자세를 '스케이팅'이라고 한다.

드릴 3의 리허설

1 사진처럼 스케이팅 자세로 바닥에 엎드린다. 한쪽으로 균형을 잡고 아래쪽 팔을 쭉 뻗는다. 손바닥은 아래를 향하도록 한다.

2 발은 몸을 안정시키기 위해서 살짝 바깥쪽으로 벌린다.

3 얼굴은 바닥을 향하도록 하고, 뻗은 손은 몸의 중앙이 아니라 어깨의 연장선상에 둔다. 또한 다른 쪽의 손은 허리 앞주머니 위치에 가볍게 둔다.

드릴 3의 스텝

1 드릴 2의 '피쉬 드릴' 상태에서 아래쪽에 위치한 손을 어깨의 연장선상에 따라 앞으로 뻗으면 중심이 앞으로 이동하여 균형이 훨씬 잘 잡힌 자세가 된다.

2 수면과 손의 방향이 평행한 상태를 3시(시계의 짧은 바늘) 위치라고 하자. 손이 6시 위치로 내려가는 만큼 중심이 앞으로 이동하므로, 손을 시계의 짧은 바늘이라고 생각하고 천천히 움직이면서 균형이 제일 잘 잡히는 위치를 찾는다. 대부분의 경우 4시에서 4시 30분 위치가 된다.

3 뻗은 손의 손목에서 손끝까지 힘을 빼고 손가락 끝이 아래를 향하도록 한다.

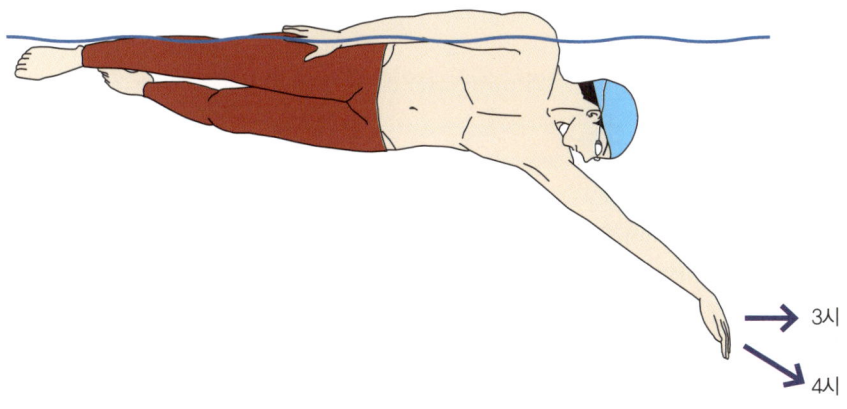

스케이팅은 자유형의 기본 자세다. 그런데 실제로 자유형 동작에서는 부드럽게 움직이기 위해 뻗은 손의 깊이가 얕아지거나, 수영장 바닥과 몸이 이루는 각도가 작아진다.

자세를 외우는 드릴에서는 신체의 각 부위가 자유형으로 수영할 때의 자세보다 강조된다는 점을 주의하기 바란다.

드릴 3의 포컬 포인트

- 피쉬가 확실하게 되지 않으면 스케이팅 자세를 취해도 편하지 않다. 피쉬에서 중심 이동을 확실하게 연습하고, 허리가 뜬다는 느낌이 들면 손을 뻗도록 한다.

- 손을 뻗음으로써 진행 방향의 아래쪽으로 전진한다는 감각을 익히는 것이 중요하다('하향으로 수영한다'는 감각).

- 뻗은 손을 6시 위치로 움직이고 서서히 3시 위치까지 움직이면서 균형이 잘 잡히는 위치를 직접 찾는다.

- 몸의 회전 각도도 이와 마찬가지로, 변화를 주면서 긴장을 풀고 편안하게 유지할 수 있는 각도를 찾는다.

- 위쪽에 위치한 손을 바지 앞주머니 위치로 이동시키면 몸이 벌어지지 않아서 동작을 취하기 쉽다.

- 스케이팅 자세를 익히고 균형을 잡을 수 있게 되면 뻗은 손의 위치가 얕아도 균형을 유지할 수 있게 된다. 뻗은 손의 위치를 얕은 위치에 두어도 균형이 깨지지 않는다면 그 위치를 새로운 스케이팅 자세로 잡는다.

- 뻗은 손의 위치와 수면에서의 거리, 뻗은 손의 위치와 자신의 중심에서의 거리를 확인한다. 이 위치가 스위치할 때 '기준'이 된다.

드릴 3의 호흡

호흡할 때는 손을 뻗은 상태로 몸을 회전시켜 얼굴이 위를 향하도록 한다.

몸을 회전할 때는 머리와 몸을 일체화시키고 뻗은 손을 수면 바로 아래까지 올리고 손바닥은 위를 향하게 한다.

얼굴이 위쪽을 향하게 되면 천천히 2회 심호흡한다.

심호흡을 했다면 다시 스케이팅 자세로 되돌아오는데, 이때는 '① 중심 이동 ② 머리의 위치 ③ 손의 각도 ④ 앞주머니 위치' 순서로 자세를 수정한다.

위로 향할 때든, 아래로 향할 때든 얼굴이 옆을 보게 되는 순간이 있다. 이때 코에 물이 들어갈 수 있으므로 어느 쪽으로 향하든 방향을 바꿀 때는 코로 숨을 계속 내뿜는다.

얼굴이 위를 향하는 자세가 안정되면 뻗은 손을 가능한 한 아래쪽에 둔 채 어깨 회전을 최소화하고, 물안경과 입이 수면 바로 위로 드러났을 때 재빨리 호흡한다. TI 수영에서는 이를 '스니키 브레스(sneaky breath)' 자세라고 한다. 자유형에서는 스니키 브레스로 호흡한다.

드릴 3의 트러블 슈팅

- **발이 가라앉아 수영장 바닥에 닿는다** → 피쉬 자세에서 상반신이 수면과 평행하지 않기 때문에 손을 뻗어도 중심 이동이 되지 않는 것이다. 우선 피쉬 드릴에서 허리가 수면 위로 드러나는지를 위쪽에 위치한 손으로 허리를 만져 직접 확인한다. 허리가 수면 위로 드러나지 않는다면 중심을 더 앞쪽으로 싣고 상반신을 가라앉힌다.

- **손을 뻗으면 엎드린 자세가 된다** → 피쉬 연습을 할 때 아래쪽 어깨에 체중을 싣도록 한다. 손을 뻗고 있을 때도 계속해서 어깨에 체중을 싣는다는 생각으로 어깨를 몸 바로 아래쪽에 고정한다.

드릴 4 언더 스케이트

언더 스케이트는 양손의 역할을 바꾸는 타이밍을 찾는 연습이다.

　자유형에서는 리커버리를 수면 위에서 하기 때문에 타이밍을 눈으로 볼 수 없다. 따라서 수면 아래에서 손을 뻗는 동작을 하고 눈으로 보고 확인할 수 있도록 하는 것이 언더 스케이트와 그다음 단계의 드릴인 언더 스위치의 목적이다.

드릴 4의 스텝

1 스케이팅 상태에서 아래 그림과 같이 위쪽에 위치한 손을 얼굴 옆쪽(손바닥은 귀의 위치)으로 시야에 들어올 때까지 움직인다. 그리고 그 위치에 고정시킨다. 손바닥은 위를 향하도록 한다.

2 뻗은 손은 3~5시 위치에 고정시키고, 얼굴은 아래를 향한 채로 둔다. 몸은 스케이팅과 똑같은 자세를 취하도록 신경 쓴다.

3 안정된 자세가 됐다면 위쪽에 위치한 손을 움직여서 스케이팅 자세로 되돌아와 **1**을 반복한다.

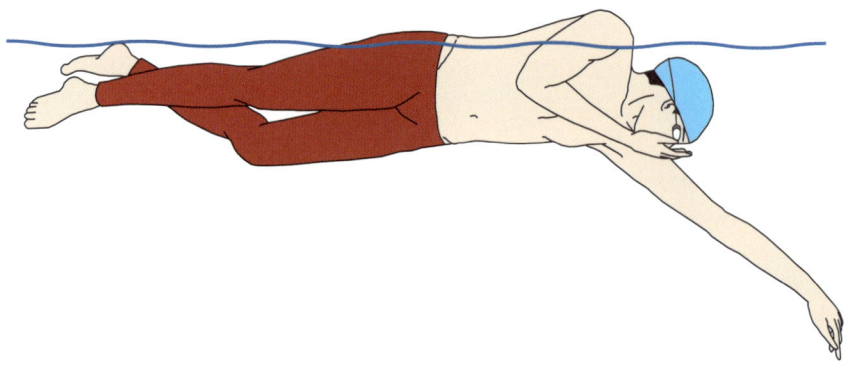

언더 스케이트의 자세를 정면에서 바라보면 아래의 그림과 같다.

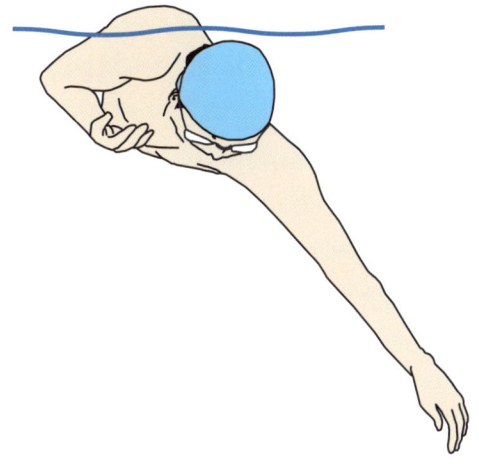

드릴 4의 포컬 포인트

- 다음 동작을 부드럽게 하기 위해서 뻗은 손의 손목에서 손끝까지 '완전히 힘을 빼고' 축 처지게 한다.

- 위쪽의 손을 움직이기 시작할 때 팔꿈치가 몸에서 멀어지지 않도록 한다. 팔꿈치를 중심으로 전완부를 회전하면 팔꿈치가 몸에서 멀어지지 않는다.

드릴 5 언더 스위치

언더 스위치에서 동체의 회전으로 추진력이 생기는 '스위치'를 연습한다. 역동적인 움직임을 경험해보자.

드릴 5의 스텝

1 오른손을 뻗은 스케이팅 자세에서 시작한다. 레일에 맞춰서 왼손을 움직인다.

2 왼손이 물안경 옆쪽에 오면 손을 정지시킨다. 왼쪽 어깨가 수면 위에 있고, 몸은 오른쪽 레일 위에 있는지를 확인한다.

3 스케이팅 자세를 취하고, 위치를 정한 '기준'을 향해서 왼손으로 물속의 구멍을 열 듯이 빠르게 움직이고 좌우를 전환한다. 이 동작을 '스위치'라고 한다. 스위치가 끝나면 정지하고, 왼손을 뻗은 스케이팅 자세가 되었는지 확인한 다음 이를 반복한다.

스위치가 끝난 후의 자세는 아래 사진과 같다.

4 이 방법으로 1, 2회 스위치 연습을 한다. 그리고 나서 손을 뻗은 채 몸을 회전시켜 위를 향하도록 하고, 심호흡(스니키 브레스)을 했다면 아래를 향하게 한다. 그리고 **1**부터 다시 반복한다.

드릴 5의 포컬 포인트

- 물안경 옆쪽에서 일단 손을 멈추었다면 양손을 동시에 스위치한다. 이때 뻗고 있던 손은 손 전체로 물을 민다는 감각만 의식하고, 이후에는 앞으로 뻗을 손의 방향과 속도에 집중한다.

- '기준' 위치를 정했으면 레일을 따라 손을 가속해서 뻗는다.

- '기준' 위치는 언더 스케이트 자세에 따라 움직인 손의 위치보다도 통상 낮지만 비스듬하게 뻗으면 기준 위치보다 낮게 되는 경우가 많으므로, 일단 수면과 평행하게 뻗고 후반에 손에 체중을 싣고 기준의 위치까지 뻗은 손을 내린다. 이렇게 하면 허리의 회전으로 뻗은 손을 더욱 가속할 수 있다.

- 뻗은 손은 마지막에 손목부터 손끝까지 힘을 빼고 손가락 끝이 아래를 향하도록 한다.

- 스위치의 횟수를 늘릴 때는 허리의 앞주머니 위치에 온 손이 그 위치에서 멈추지 않도록 계속해서 움직인다. 그러면 리드미컬하게 스위치할 수 있게 된다.

- 또한 횟수를 늘리면서 이에 따라 몸의 회전 각도를 줄이면 부드럽게 스위치할 수 있다.

- 스위치할 때 허리의 상하를 전환한다고 생각하면 동체의 회전을 추진력으로 전달할 수 있게 된다.

드릴 5의 트러블 슈팅

- **발이 가라앉는다** → 스위치를 하는 동안 균형이 깨진 것이 원인으로 보인다. 스위치를 하는 동안에는 항상 전방 아래쪽에 체중을 싣고, 뻗은 손은 스케이팅의 4시 방향에 둔다. 또한 머리는 항상 수면에 잠긴 상태로 유지한다.

- **갈지자로 움직이는 느낌이 든다** → 스위치할 때마다 머리가 움직이므로 항상 수영장 바닥을 수직으로 내려다보고 수면에 잠긴 상태를 유지한다. 가령 머리끝에서 레이저 광선이 발사된다고 치면 그 레이저 광선이 항상 한 곳을 조준하도록 의식해서 머리를 컨트롤하는 것이 중요하다.

 ## 지퍼 스케이트

리커버리할 때 '중심을 폐로 옮기는 감각'을 익히는 드릴이다. 몸의 옆구리에 위치한 지퍼를 올리듯이 손을 움직인다는 의미에서 '지퍼 스케이트'라고 부른다.

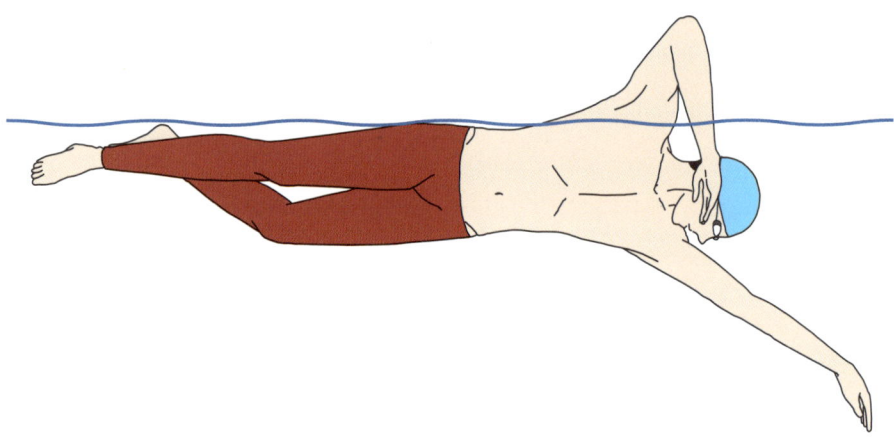

드릴 6의 랜드 리허설

스케이팅 랜드 리허설과 마찬가지로 지퍼 리커버리를 연습한다.

1 오른쪽을 아래로 하고, 왼손을 어깨와 함께 곧게 펴고 얼굴은 바닥을 향한다. 왼손은 허리의 앞주머니 위치에 둔다.

2 왼손의 팔꿈치를 바깥쪽으로 작게 움직이는 것부터 시작하고 손을 전방으로 끌고 나간다. 팔꿈치로 리드해서 손은 그저 그 뒤를 쫓아간다는 느낌으로 한다. 손가락 끝은 가볍게 바닥을 스치고 전완과 팔꿈치가 항상 몸에서 상완의 길이(약 20cm) 만큼 떨어지도록 한다.

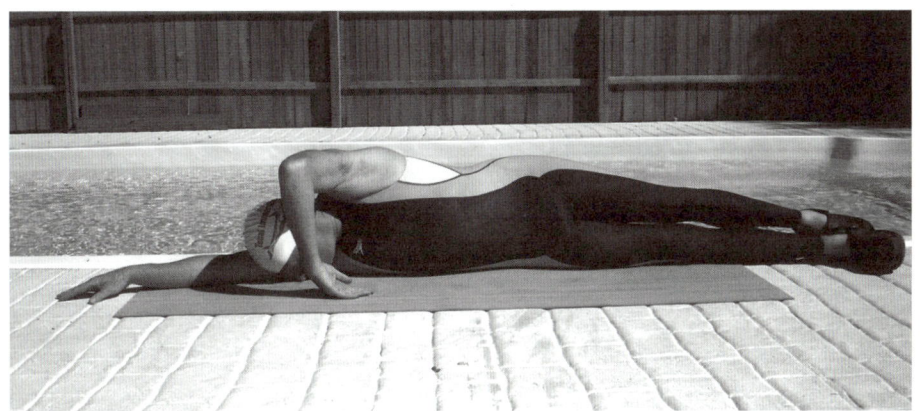

스케이팅 랜드 리허설

3 팔꿈치가 귀의 수평선상까지 오면 '꼭두각시 인형'처럼 팔꿈치에서 손끝까지 힘을 쭉 뺀 상태인지를 확인한다.

4 가능한 한 오랫동안 팔꿈치가 손을 리드하는 것에 집중하여 몇 번씩 반복한다. 반대쪽도 동일하게 연습한다.

드릴 6의 스텝

1 랜드 리허설과 마찬가지로 스케이팅 자세로 가볍게 킥을 하면서 팔꿈치를 먼저 바깥쪽으로 작게 움직이고 나서 전완부를 전방으로(아래 그림 중 위쪽을 참고), 손목부터 물속에 넣으면서(아래 그림 중 아래쪽을 참고) 이동한다.

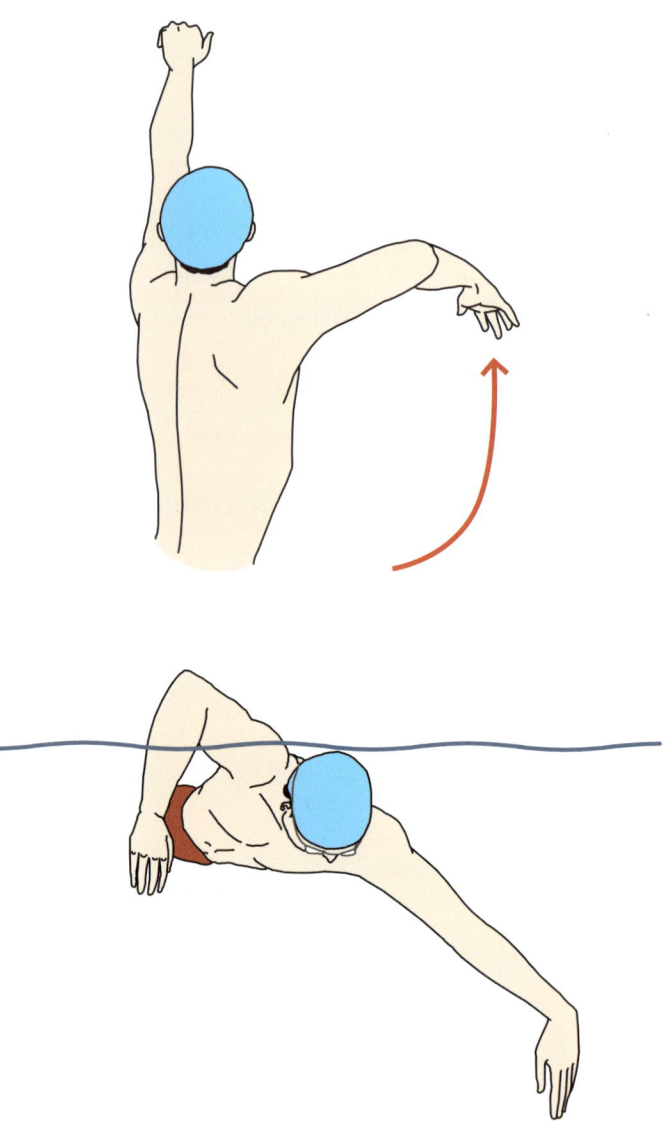

2 손끝이 긴장된 상태이면 팔꿈치가 손을 리드할 수 없다. 항상 손가락 끝과 전완의 긴장이 풀린 상태인지 확인하고, 팔꿈치가 귀의 수평선상에 도달한 시점에서 동작을 멈춘다.

3 팔꿈치가 높은 위치를 유지하고 있으면 멈춘 곳에서 손이 자유 낙하하는 듯한 감각을 느낄 수 있다. 팔꿈치에서 손끝까지 힘을 쭉 빼고, 그 상태로 상하 3cm 정도를 움직여보자.

4 손을 원위치로 되돌리고 몸을 돌려서 위를 바라보고 심호흡한다. 안정이 되면 아래를 향하도록 하고 다시 반복한다.

드릴 6의 포컬 포인트

- 팔꿈치를 들어 올리면 몸이 반대쪽으로 회전하게 되어 좌우 균형이 깨진다. 가볍게 바깥쪽으로 돌린 다음 리커버리를 시작하자.

- 어깨를 지난 시점부터 전완의 이동과 함께 중심이 앞으로 이동하는 것을 느껴보자.

- 움직이는 손은 항상 '레일 위'에 있도록 한다. 좌우 균형을 잡기 위해서 양손은 몸 중앙에서 같은 거리에 둔다. 이는 리커버리하는 손이 귀의 수평선상에서 정지하는 순간에 확인한다.

- 손은 가능한 한 천천히 움직이고 현재 위치를 확인한다.

드릴 6의 트러블 슈팅

- **어깨가 아프다** → 팔꿈치를 들어 올려서 움직이면 손의 이동과 함께 몸에 무리가 가해져 종종 어깨에서 통증이 느껴진다. 우선 팔꿈치를 바깥쪽으로 움직이는 것부터 시작하자.

- **몸이 가라앉는다** → 물속에 있던 손이 수면 위로 움직이기 때문에 부력이 줄어들고 몸이 가라앉게 된다. 숨을 계속 내뱉으면 그대로 가라앉게 되므로, 몸이 쉽게 가라앉는 사람은 숨을 멈추고 연습한다.

드릴 7 지퍼 스위치

지퍼 스위치는 언더 스위치와 마찬가지로 동체의 회전으로 추진력을 얻는 드릴이다.

손가락 끝을 물에 넣은 채로 움직임으로써 움직이고 있는 손의 현재 위치를, 손이 아래로 향하고 있어도 알 수 있다. 팔꿈치가 귀의 수평선상에 도달하면 스위치를 한다.

손의 입수 장소가 귀에서 멀어지면 타이밍이 맞지 않으므로, 가능한 한 귀의 수평선상에서 입수하도록 노력한다. 또한 입수 시에 손은 수면과 수직 또는 예각을 이루도록 하는데, 입수 후에 손이 움직이는 궤도는 언더 스위치와 동일하다.

따라서 입수에서 손을 뻗을 때까지의 동선은 아래와 같은 곡선이 된다.

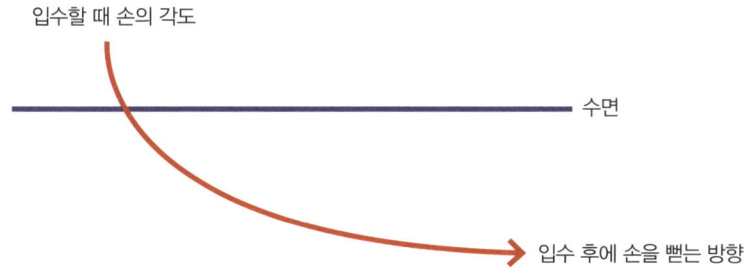

드릴 7의 스텝

1 오른손을 뻗은 상태에서 스케이팅을 하면서 왼손을 천천히 전방으로 이동시킨다.

2 팔꿈치가 귀의 수평선상에 오면 손을 정지한다. 팔꿈치 아래에 손이 와 있는 것을 확인한다.

3 오른손의 손가락 끝이 아래를 향하게 하고 가볍게 물을 끌어안는다고 생각한다. 그리고 왼손은 '기준'을 향해서 빠르게 화살처럼 내보낸다.

4 왼손을 뻗은 스케이팅 자세로 전환한다. 그 상태로 정지하고 균형과 자세를 확인한 후에 다시 스위치를 한다.

드릴 7의 포컬 포인트

- 낙하하는 손의 운동 에너지가 사용되기 때문에 언더 스위치보다도 편안하게 뻗은 손을 가속할 수 있다는 점을 의식하자.

- 스위치 직전에 아래쪽에 있는 발등으로 순간적으로 물을 밀면 허리가 쉽게 회전되며, 허리의 회전이 손을 뻗을 때의 가속을 쉽게 도울 수 있다.

- 허리의 상하 전환과, 몸의 좌우측 전환의 연동을 의식한다.

- 스위치 횟수를 늘릴 때는 몸의 회전 각도를 어깨가 수면으로 나오는 정도로 작게 한다.

- 허리의 앞주머니 위치에 온 손이 그 위치에 멈추지 않도록 곧바로 팔꿈치를 바깥쪽으로 움직이면 부드럽게 스위치할 수 있다.

- 뻗은 손의 방향은 항상 2개의 레일을 의식한다.

드릴 7의 트러블 슈팅

- **미끄러지는 감각이 느껴지지 않는다** → 스위치 타이밍이 빠른 것이 원인이다. 움직이는 손의 현재 위치를 잘 확인하고, 귀의 수평선상에 올 때까지 뻗은 손은 움직이지 않도록 기다린다.

- **거품이 많이 생긴다, 물보라가 크다** → 손을 입수시킬 때 팔꿈치에서 손끝까지 긴장되어 있기 때문이다. 팔꿈치에서 손끝까지 힘을 쭉 빼고, 귀의 수평선상에 그려진 둥근 원을 빠져나간다는 생각으로 손을 떨어뜨리면서 입수시킨 후에 뻗는다.

드릴 8 오버 스위치

오버 스위치는 지퍼 스위치에서 리커버리할 때에 수면 아래에 있었던 손바닥을 잠시 수면 위로 내놓아 자유형의 완성형을 만들기 위한 드릴이다. 우선 리커버리와 입수 동작을 익히고 나서 물을 미는 동작을 익힌다.

드릴 8의 스텝

1 처음 2, 3회 왕복은 손목부터 손끝을 물속에 넣은 지퍼 스위치로 25m를 수영한다. 호흡은 처음에는 완벽하게 위를 향해서 심호흡하지만, 서서히 몸의 회전 각도를 줄여 스니키 브레스로 옮겨간다.

2 그다음의 2, 3회 왕복은 물에 넣는 부위를 손목에서 손가락 끝, 발가락 끝으로 스위치를 할 때마다 하나씩 줄인다. 보다 섬세한 감각이 필요하므로 천천히 연습한다.

3 수면 가까이에서 움직였던 손이 귀의 옆쪽에 도달하면 양쪽 귀에서 막대기가 뻗어 있다고 상상하고 그 막대기를 뛰어넘듯이 손을 가볍게 들어 올려서 입수시키도록 한다. 이 동작이 입수 전의 가속에 '도움'이 된다.

4 손을 우편함에 넣는다는 감각으로 입수시키고, 그 후에 가속해서 뻗는다.

5 그다음은 아래의 포컬 포인트에 따라 물을 미는 연습을 한다.

- 뻗은 손의 손목에서 손끝까지 힘을 빼고 손가락 끝은 아래를 향하게 한다.
- 스위치 직전에 아주 잠깐 손을 정지한다.
- 다른 쪽의 손이 '우편함'에 들어갔다면 이와 동시에 물을 밀기 시작한다.

테리 래플린의 TI 칼럼

나이가 들어도 수영 실력은 개선될 수 있다

일본어 카이젠(Kaizen)은 '지속적인 개선'을 뜻하는 말이다. 통계 분석으로 제조 과정의 효율성을 높이는 방식을 나타내는 말로서 영어에 유입되었다. 이 단어를 처음 들었을 때, 수영에도 적용할 수 있겠다는 생각이 들었다. 앞으로 설명하겠지만 누구나 앞으로 지속적으로 또는 점진적으로 기술을 개선할 수 있다. 그러나 그 중간에 좌절하거나 계속해서 정체 현상이 나타나기 쉽다.

수영인들은 스스로 전혀 개선하려고 하지 않거나, 혹은 오랫동안 투자한 데 비해 별다른 개선이 일어나지 않아 좌절하는 경험을 한다. 이는 물고기나 해양 포유동물과 달리 인간의 DNA에는 수영이라는 행위에 대한 정보가 포함되어 있지 않기 때문이다. 반면에 달리기는 수영과 달리 인간이 하는 자연스러운 활동이므로 시행착오를 거치더라도 누구나 잘하게 될 수 있다. 지상 스포츠가 물속에서 하는 수영보다 훨씬 쉽게 느껴지는 것이 당연하다고 해도 수영은 쉽지 않다. 배우지 않는 한 기본 수준으로라도 할 수가 없다.

나는 청소년기에 여름이 되면 아침마다 농구를 하고 오후에는 동네 수영장을 찾아 '수영 놀이'를 즐겼다. 물속에서만 할 수 있는 일을 생각해내다 보니 ─ 체력이 좋아지거나 속도가 빨라지거나 하는 데는 전혀 신경 쓰지 않고 ─ 물속에서 움직이는 법을 자연스레 익히게 되었다. 비록 효율적이지는 못했지만 물속에서 편안하고 자신감 있게 움직일 수 있다는 것만으로 충분했다.

15세에 처음 수영 선수가 되고부터는 속도를 올리는 것을 목적으로 하는 강도 높은 훈련에 집중하게 되었다. 그때부터 ─ 40년이 지난 지금도 마찬가지로 ─ 훈련과 경기는 물론 좋았지만 아무런 걱정 없이 물속에서 노는 소소한 즐거움은 점차 사라졌다. 게다가 실력 개선도 아주 잠깐뿐이었다. 선수가 되고 나서 18세까지는 어느 정도 발전이 있었지만, 다른 팀원들보다 훨씬 열심히 했는데도 19세부터 정체와 퇴보가 시작되었다. 고통의 극한점까지 밀어붙이며 수없이 많이 랩을 오가니, 21세 무렵에는 수영이 고역으로 느껴졌다. 결국, 선수 생활을 '은퇴'하고 코치로 일하기 시작했다.

그런데 코치가 된 21세부터 지구력이나 속도를 절충하지 않고도 수영을 재미있고 만족스럽게 즐길 방법을 조금씩 깨달았다. 30대 후반에는 강도 높은 반복 훈련을 강요하는 코치 없이 마스터스 대회를 목표로 삼고 새로운 방식으로 훈련하기 시작했다. 기존의 방식대로 훈련받은 지 17년 만이었다. 자신을 지치게 하는 방법이 아니라 스스로 옳다고 느껴지는 방법에 집중하다 보니 조금씩 발전하는 모습이 보였다. 그리고 그 후로 카이젠, 즉 지속적인 개선이 이루어지고 있다.

55세인 지금도 물과의 연대감에 초점을 맞추어 수영한다. 덕분에 지속적으로 실력이 개선되고 있다. 만족감도 나날이 커진다. 풀에 갈 때마다 즐겁고 흥미롭다. 대학교 때 랩을 수없이 오갔지만, 지금이 훨씬 매끄럽고 의욕에 넘치며 조화로움까지 느낀다. 나는 20년 넘게 내 스트로크의 효율성을 직접 목격했고, 물과 함께 움직이고 아무런 방해 없이 계속 성장하는 방법을 깨달았다.

수영은 나이에 상관없이 즐길 수 있고 몇십 년 동안 계속해서 실력이 개선될 수 있다는 점에서 독특한 스포츠다. 인체가 물속에서 움직이려면 여러 가지 미묘한 기술이 합쳐져야 한다. 시간, 명확한 초점, 분명한 의식이 한데 어우러져야 한다. 그러면 나이가 들면서 체력이 떨어져도 수영 실력은 개선될 수 있다. 나는 80대까지도 계속 수영을 배우고 실력을 키우고 싶다. 그래서 풀에서 물살을 가를 때마다 최대한 깨어 있는 의식 상태를 유지하려고 노력한다.

나는 더 오래 더 열심히 수영할수록 지치기만 했는데 오히려 긴장하지 않는 마음가짐이 실력 개선에 유리하다는 사실을 직접 깨달았다. 그래서 수영에 대한 열정을 일깨워주는 토털 이머전 기술을 널리 알리고자 노력 중이다. 사람들이 카이젠(지속적인 개선) 수영을 목표로 삼을 수 있도록 효율적인 수영법을 최대한 단순화했다. 수영이 별다른 주의를 기울이지 않는 단순한 운동에서 생각하는 수련이 될 수 있도록. 수영인들이 좌절하는 이유를 분명히 알면 지속적인 개선으로 나아가는 해결책을 찾을 수 있을 것이다.

자유형이 어려운 사람은
평영부터 시작하자

 평영은 간단하기 때문에 4가지 영법 중에서 가장 인기가 많은 영법일 것이다.
 그러므로 자유형이 어렵게 느껴지는 사람은 평영부터 시작해도 좋다. 평영을 통해서 물에 익숙해지고 자신감이 붙었을 때 자유형 기술을 연습하면 누구나 어렵지 않게 배울 수 있다.

TI 수영 방법을 통해서 평영을 비교적 부드럽고 편안하게 구사할 수 있는 이유는 다음과 같다.

1 다른 영법보다 수면 아래에 있는 시간이 길기 때문에 저항을 피하기 위해서 머리, 손, 동체 그리고 발이 일직선이 되는 것을 인식하기 쉽다.

2 양손과 양발을 동시에 움직이기 때문에 물속에서 효율적으로 전진하는 감각을 쉽게 느낄 수 있다.

평영의
개선 포인트

평영의 문제점

사람들이 평영을 하는 모습을 보면, 이미 배운 수영법대로 수영하게 되므로 개개인의 버릇이 뚜렷하게 드러난다. 그중에서도 다음과 같은 문제점이 두드러지는데, 이의 대부분은 접영의 문제점과 공통된다.

- **젓기 시작하는 단계** → 호흡을 하려고 머리를 높게 들어 올리려는 생각에 손을 아래 방향으로 밀고 만다. 팔꿈치를 뻗은 채 저으려 하기 때문에 시간이 더 걸린다.

- **호흡** → 젓기 시작하는 단계에서 손을 아래로 누르기 때문에 상체가 수면 위로 올라가고, 그래서 젓는 도중에 호흡을 시작하고 만다. 물을 많이 저어서 상체가 수면 위로 올라간 상태가 장시간 지속되면 허리와 발은 더 가라앉게 된다.

- **리커버리(수면 위 또는 물속에서 손을 뻗는 동작)** → 천천히 하기 때문에 리커버리 동작이 추진력으로 이어지지 않는다. 킥 타이밍과 맞지 않아서 손과 발이 따로 논다.

- **스트림 라인(손발이나 몸을 곧게 편 자세)** → 스트림 라인 자세로 버티지 못해 킥을 한 후에 곧바로 다른 쪽 손이 젓는 동작으로 들어가고 만다.

이러한 문제점을 해결하기 위해서 TI 수영에서는 다음과 같은 포인트에 주목하여 평영을 개선해 나간다.

평영의 개선 포인트 1

스트림 라인

평영의 경우, 스트로크의 시작과 끝은 사진처럼 스트림 라인 자세가 된다. 물고기처럼 물속에서 일자로 곧게 편 자세로 미끄러지듯이 앞으로 나간다. '미끄러지듯이 나갈 때'가 가장 저항이 적고, 가장 빠른 속도로 나간다.

평영에 필요한 근육을 움직이는 방법은 매우 간단하다.

긴장을 풀고 몸을 일자로 편다고 생각하자. 몸을 수면과 평행하게 만드는데, 아주 조금만 아래쪽으로 몸을 기울이고 수면 바로 아래를 미끄러지듯이 전진한다.

허리와 상반신이 같은 높이가 되도록 스트림 라인 자세로 미끄러지듯이 앞으로 나가는 동안에는 가슴 전체에 중심을 싣도록 한다(아래 사진을 참고한다).

어깨에서 바깥쪽으로 손을 젓고 스트림 라인 자세를 마친다(다음 페이지의 사진을 참고한다).

50m 이하의 단거리 선수가 아닌 이상, 이때 시간을 충분히 들여서 연습한다.

손을 전방에서 바깥쪽으로 뻗어 물을 끌어안았다면 머리부터 발끝까지 곧게 펴서 스트림 라인 자세를 유지한다.

다음 사진과 같은 스트림 라인 자세는 매우 중요하다. 스트로크 이외에 다른 부분의 모든 판단(손을 얼마나 폭넓고 깊게 저을 것인가, 호흡을 위해서 몸을 어느 정도 들어 올릴 것인가, 킥의 타이밍과 발을 차는 폭은 어떻게 할 것인가 등)은 얼마나 빠르게 스트림 라인 자세로 돌아올 수 있느냐가 기준이 된다.

평영의 개선 포인트 2

허리를 이용한 가속

손을 안쪽에서 젓고 나서 뻗을 때에 일단 허리 근육을 이용해서 허리를 전방으로 가속시키면 평영의 모든 동작에 추진력을 쉽게 전달할 수 있다.

 스트림 라인 자세에서, 팔을 가장 많이 벌린 위치에서 안쪽을 향해 젓는 동작을 취할 때 무릎을 살짝 굽혀 다리를 활처럼 휘게 만든다. 이렇게 하면 곧게 편 보디라인이 짧아져 허리를 이용한 동작이 가속된다. 발을 당기는 동작의 계기가 되기도 한다.
 허리를 움직이는 에너지는 손이 중심을 향해 빠르게 회전하는 것도 돕는다. 팔꿈치는 항상 높게 바깥쪽 위치로 유지하고, 손을 안쪽으로 스냅시켜 재빨리 스트림 라인 상태로 돌아온다.

평영의 개선 포인트 3

구멍을 연다

'구멍을 여는 동작'을 통해서 가속된 허리의 힘을 앞으로 나가는 속도로 바꿔 스트림 라인 자세로 이어나간다.

발바닥 가운데의 물을 뒤로 효율적으로 밀 수 있도록, 발을 당기면서 발가락 끝은 바깥쪽을 향하게 한다.

허리는 다음 스트로크를 위해서 상반신을 전방으로 미는 준비를 한다. 양손은 동시에 회전시킨 후에 코끝에서 '합장'하는 위치에 둔다.

양손으로 물속의 작은 구멍을 열어 몸을 그 안으로 밀어 넣듯이 몸 전체를 전방으로 밀고, 수면 바로 아래에서 스트림 라인 자세를 취한다.

발을 당기는 동작은 손과 상반신이 구멍을 뚫고 전진하는 것을 가속시킨다. 3가지 동작이 하나가 되어 편안하게 수영하면서 속도를 낼 수 있도록 전체 움직임을 조절한다.

'허리를 이용해 가속하는 동작'과 '구멍을 여는 동작'은 스트림 라인 자세에 비해 상당히 짧게 해야 한다. 왜냐하면 몸은 '허리를 이용해 가속할 때'와 '구멍을 열 때' 활동하고 '스트림 라인 자세일 때'는 휴식을 취한다. 그리고 가속해서 전진하기 위해서는 스트림 라인 자세로 있는 편이 훨씬 저항이 적기 때문이다.

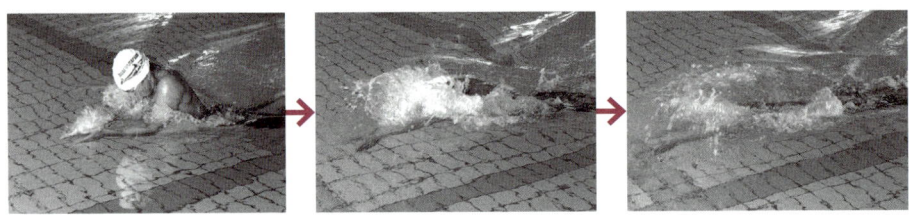

평영의 개선 포인트 4

머리의 위치와 호흡

개선 포인트 1에서 3까지에서 설명한 몸 전체의 중요한 동작에 더해 호흡과 킥도 각각 중요한 역할을 한다.

안정된 머리 위치는 전체 스트로크를 조절하는 열쇠가 된다. 머리를 들었다 내렸다 하면 몸도 그만큼 올라갔다 내려갔다 한다. 머리의 위치가 안정되면 에너지와 추진력도 전방을 향하게 된다.

턱을 수면 밖으로 빼지 말고 입만 수면 위로 내놓을락 말락 하는 위치에서 손을 안쪽으로 저으면서 호흡한다. 가볍게 턱을 당기고, 정면이 아니라 조금 앞쪽의 수면을 바라보도록 한다.

호흡 후에 가능한 한 동작을 정지하지 말고 양팔 사이로 머리를 넣고 머리, 손 그리고 동체가 하나가 되어 물속의 작은 구멍을 빠져나가듯이 수영한다. 스트림 라인 자세를 취하는 중간 중간에 조금씩 숨을 내뱉는다. 명심할 것은 이때 절대로 숨을 멈춰서는 안 된다는 것이다.

상급자들 중에는 호흡할 때 머리를 꽤 높이 들어도 괜찮은 사람이 있는데, 초급자나 중급자는 되도록이면 수면 가까이에서 멈추도록 지도하는 것이 보다 좋은 결과를 낳는다.

머리를 높게 들고 호흡을 하면 더 많은 에너지가 소모되며, 또한 고도의 타이밍 기술을 익히고 조정할 필요가 있다. 작은 스트로크가 훨씬 더 간단하고 효율을 높일 수 있다.

평영의 개선 포인트 5

킥

다른 영법에서 발은 주로 몸을 안정시키고 회전을 보조할 뿐, 추진력의 60~90%는 상반신이 담당한다.

그러나 평영의 경우, 발로 몸을 앞으로 밀기 때문에 발의 추진력이 갖는 역할이 매우 크지만 손으로 젓는 동작과 마찬가지로 킥도 동체에서 동력을 얻도록 한다. 이때 허리를 이용해 가속함으로써 이러한 움직임이 놀랄 만한 스피드와 힘으로 킥을 하는 계기가 된다.

평영의 각 단계에서 킥의 역할은 다음과 같다.

킥의 스텝 1

스트림 라인

스트림 라인 자세를 취하는 동안 발은 물속에서 높은 위치를 유지하고 발가락 끝이 바깥쪽을 향하도록 한다. 그리고 발뒤꿈치가 살짝 안쪽을 향하도록 하면서 좁은 공간을 빠져나가듯이 움직인다(위 그림 중 왼쪽). 스트림 라인 자세에서 손을 바깥쪽으로 벌려서 물을 안쪽으로 저으려는 동작을 시작할 때까지 발은 곧게 펴둔다(위 그림 중 오른쪽).

킥의 스텝 2

발을 당긴다

무릎의 뒤쪽 근육을 사용하는 것이 아니라, 허리를 전방으로 가속함으로써 발을 당긴다. 발을 당길 때는 몸의 폭 범위 내에서 발 전체가 벗어나지 않도록 당겨서 저항을 줄인다. 발을 무리하게 높게 들지 않도록 하고 빠르게 움직인다.

킥의 스텝 3

밀어낸다(Thrust)

'물을 밀기 위해서' 재빨리 발가락 끝이 바깥으로 향하도록 하고(마치 댄서가 발가락 끝으로 서서 뛰듯이), 그리고 나서 무릎 바로 바깥쪽 라인을 따라 재빠르게 원위치로 되

돌린다. 양발의 물을 '모두 밀어내듯이' 발가락 끝을 뻗고, 곧은 스트림 라인 자세를 취하도록 몸을 편다.

수면 바로 아래에서 몸을 곧게 펴고 있는 동안 가슴에 체중을 싣도록 한다.

평영의 완성형

평영의 완성형을 보면서, 앞으로 어떤 연습을 하게 될지 생각해보자.

1 젓기 시작하는 단계
안쪽에서 바깥쪽으로 손을 저을 때는 자세를 곧게 유지한다.

2 손을 벌린다
손은 안쪽을 향하게 하고, 무릎은 살짝 구부려 다리를 활처럼 휘게 만들고 얼굴은 아래를 바라본다.

3 끌어안는다
손은 항상 턱 앞에서 움직인다.

4 발로 물을 민다
발이 물을 미는 동안 손과 머리는 스트림 라인 자세가 된다.

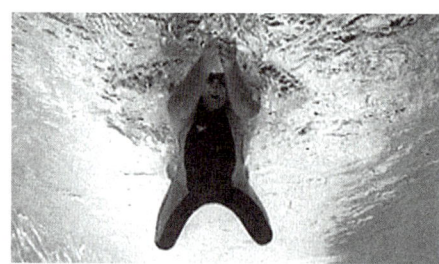 

5 구멍을 연다
발을 차면서 수면 바로 아래를 '구멍을 열듯이' 전진한다.

6 스트림 라인

스트림 라인 자세를 유지하고 가슴에 체중을 싣는다.

평영의 드릴

평영 개념을 이해했다면 이제 드릴 연습을 시작해보자. 드릴의 목표는 아래와 같다.

1 모든 스트로크(팔로 손을 젓는 동작) 사이클에서 몸의 자세를 오랫동안 유지하도록 손을 콤팩트하게 빨리 움직인다.

2 전진하기 위해 손을 젓는 것이 아니라, 그 장소에 머물기 위해 손을 사용한다.

3 스트로크와 호흡은 자연스럽고 부드럽게 연결한다.

   평영의 완성형을 떠올리면서 각 드릴이 평영의 어떤 부분을 익히는 연습인지 의식하면서 노력하면 좋은 결과를 얻을 것이다.

드릴 연습의 횟수와 주의 사항

평영에서 타이밍 조절은 매우 섬세하다. 그렇기 때문에 조금만 지쳐 있어도 집중력이 떨어져 비효율적인 자세가 '버릇'으로 굳어질 우려가 있다. 무리하지 말고 짧은 시간이라도 의식하며 연습하도록 하자.

   드릴을 시작한 1주일에서 1개월 사이에는 드릴을 중심으로 평영을 연습한다. 구체적으로는 다음과 같이 한다.

1 1가지 드릴로 25m 혹은 50m를 4~8회 연습한다. 연습하는 드릴의 움직임을 완벽하게 익힐 때까지 반복한 후에 짧은 거리를 수차례 수영하거나 다음 드릴로 넘어간다.

2 드릴에 익숙해졌다면 드릴을 25m × 1~3회 하고, 연습한 드릴을 생각하면서 평영으로 25m × 1회 수영하는 것을 반복해보자.

 호흡 없이 손을 움직이는 방법

이제부터 스트림 라인 자세로 재빨리 되돌리기 위해 물속에서 취하는 올바른 손의 움직임을 배운다. 우선 무호흡으로 연습하며 안정된 머리의 위치를 익힌다.

드릴 1의 스텝

1 스트림 라인 자세를 취한다. 발은 힘을 빼고 물에 뜬 상태로 두는데, 발이 가라앉는 것이 신경 쓰인다면 물이 튀지 않도록 작게 물장구를 친다. 항상 머리와 등골이 일직선이 되도록 한다.

2 손바닥은 바깥쪽을 향하도록 하고, 어깨에서 주먹 하나 정도 떨어진 넓이만큼 팔을 벌린다. 이때 머리는 움직이지 않는다. 손가락 끝을 가능한 한 전방으로 쭉 뻗도록 한다.

3 양손이 제일 바깥쪽에 위치했을 때 일단 정지한다. 그리고 팔꿈치를 고정한 채 재빨리 손을 안쪽으로 당기고, 마지막에는 스트림 라인 자세를 취한다.

손을 뻗은 채 안쪽으로 당길 때 팔꿈치를 살짝 들어 올린다. 손을 모을 때는 팔꿈치를 안쪽으로 회전시킨다.

4 스트림 라인 자세로 되돌아오면 출발했을 때처럼 몸이 안정될 때까지 가볍게 킥을 하고, 다시 손을 바깥쪽으로 벌리고 다음 사이클을 시작한다.

5 조용하면서도 컨트롤이 잘된 움직임이 되도록 의식한다. 또한 물을 끌어안듯이 동작을 취하고, 10~15분간 연습한다.

드릴 1의 포컬 포인트

- 손을 바깥쪽으로 향하게 하는 동작은 서두르지 말고, 절대 힘이 들어가지 않도록 주의한다.

- 손을 젓는 동작을 재빠르게 전방을 향해서 실시함으로써 바깥쪽으로 향하게 하는 동작과 리듬을 맞춘다.

- 손을 벌리는 폭을 변화시키면서 안쪽으로 젓는 동작에서 몸 전체가 가장 많이 앞으로 나갈 때의 폭을 찾는다.

드릴 1의 트러블 슈팅

- **동작을 빨리 취할 수 없다** → 손을 바깥쪽으로 향하도록 할 때 팔꿈치를 안쪽으로 30도 회전시켜두면 그다음에 젓는 동작을 취할 때 팔꿈치를 바로 굽힐 수 있다. 또한 손바닥은 팔꿈치의 위치보다 앞쪽에서 움직이도록 하면 빨리 움직일 수 있다. 그리고 '힘을 줘서 젓는다'는 의식은 버리도록 하자.

- **하반신이 가라앉는다** → 발을 움직이지 않으면 대부분의 경우 하반신이 가라앉는다. 발이 가라앉지 않을 정도로 가볍게 물장구를 친다. 그럼에도 불구하고 가라앉는 것에 신경이 쓰인다면 머리를 물속에 다 넣어보자.

호흡 리허설

수면에서 턱이 떨어지지 않는 호흡을 선 상태에서 연습한다.

드릴 2의 스텝

1 수영장의 수심이 얕은 곳에서 양손을 무릎 위에 둔 상태로 몸을 웅크리고 선다.

2 시선은 약 1m 앞을 보고 수면에 턱이 닿도록 한다. 이때 머리 위치가 호흡할 때의 머리 위치다.

3 상체(상반신)를 가라앉히면서 머리를 물속에 모두 넣는다. 물속에 머리를 넣을 때 코로 숨을 내뱉는다. 평영의 드릴에서는 **2**와 **3**의 움직임을 반복하게 된다. 고개를 끄덕이듯이 목을 버팀목으로 머리를 상하로 움직이는 것이 아니라, 등을 이용해서 상체를 상하로 움직임으로써 호흡할 때 머리가 올라가고 허리가 내려가는 것을 막을 수 있다.

4 마지막으로 손동작과 머리 동작을 연동시킨다. 손을 바깥쪽으로 움직일 때는 머리가 물속으로 들어갈 때까지 상체를 가라앉힌다. 손을 안쪽으로 저을 때는 턱이 수면에 닿을 때까지 상체를 들어 올린다.

드릴 2의 포컬 포인트

- 얼굴 방향이 중요하다. 1m 전방을 바라보면서 얼굴은 수면에 가능한 한 평행하게 한다.

- 목으로 머리를 들어 올리는 것이 아니라, 등을 이용해서 상체를 일으킨다고 생각한다.

드릴 3   호흡하면서 손을 움직이는 방법

드릴 1의 손을 움직이는 방법에 드릴 2의 호흡을 더한다.

드릴 3의 스텝

1 손을 바깥쪽으로 넓힐 때에는 머리는 수평하게, 시선은 수영장 바닥에 두고, 발은 곧게 편다.

2 한 박자 쉬고 손을 안쪽으로 젓는다. 이때 등을 들어 올림으로써 턱이 수면 위까지 올라온다. 얼굴은 그대로 아래를 향하게 하고, 손도 항상 시야에 들어오도록 해서 움직인다.

3 양손을 모았으면 몸을 전방으로 '떨어뜨리고', 팔을 다 뻗었을 때 양팔 사이로 머리를 조용하게 입수시킨다. 물결이나 물보라가 일지 않도록 한다. 손을 젓기 전처럼 안정된 몸의 균형이 느껴질 때까지 조용하게 작은 킥을 하고 다시 젓기 시작한다.

4 처음에는 손을 젓는 동작을 3, 4회 할 때마다 1회 호흡을 넣고, 호흡과 손동작을 부드럽게 연결할 수 있게 되면 서서히 호흡의 빈도를 늘린다.

드릴 3의 포컬 포인트

- 어깨가 항상 수면 가까이에서 움직이도록 한다. 가능한 한 조용하게 물보라가 일지 않도록 한다.

- 손을 안쪽으로 회전시키기 전에 얼마만큼의 시간을 둘 것인지 생각한다.

- 처음에는 모든 동작을 천천히 실시하고, 서서히 젓는 동작을 **빠르게** 한다.

드릴 3의 트러블 슈팅

- **머리가 올라가지 않아 호흡할 수 없다** → 평영에서 양손을 벌릴 때에 머리를 들어 올리는 버릇이 있는 경우는 새로운 타이밍을 익히는 데 시간이 걸릴 수 있다. 손을 바깥쪽으로 벌릴 때에는 머리를 물속에 넣은 채로 있고, 손을 안쪽으로 저을 때 겨드랑이를 좁혀서 양 어깨를 움츠리면 상체를 일으킬 수 있다. 또한 바깥쪽으로 손을 벌리는 반동을 이용하는 것도 효과적이다. 가슴과 어깨를 크게 벌린 상태에서 손을 저을 때 한 번에 움츠리면 손을 젓는 동작에 가속이 붙는다.

- **호흡하는 타이밍을 모르겠다** → 양손을 바깥쪽으로 벌릴 때 코로 숨을 내쉬기 시작하고, 손을 안쪽으로 젓기 시작할 때 더욱 강하게 코로 숨을 뱉으면 머리가 올라갔을 때 곧바로 숨을 들이마실 수 있다.

드릴 4 스냅과 킥의 조합

여기서는 몸 전체의 움직임에 킥을 동조시키기 위해서 발의 움직임을 단계적으로 익힌다.

드릴 4의 스텝

1 지금까지는 발을 뻗은 상태였지만, 손을 젓고 이와 동시에 무릎을 자연스럽게 굽히도록 해서 몸을 앞쪽으로 떨어뜨렸다면 발을 다시 뻗는다.

2 손을 앞쪽으로 뻗으면서 발가락 끝을 민첩하게 스냅하는 동작을 **1**에 더한다. 이러한 스냅 동작을 통해서 손이 더 빠르게 앞쪽으로 움직이도록 한다.

3 2에서 뻗고 있던 발가락 끝을 이번에는 속도를 바꾸지 말고 바깥쪽으로 벌려서 발바닥 가운데로 물을 밀면서 원위치로 되돌아오게 한다. 이것이 평영의 킥이다. 콤팩트하게, 빠르게, 그리고 민첩하게 실시한다.

4 스냅과 킥을 조합한다. 처음에는 3, 4회 스냅에 1회 킥을 넣고, 몸 전체의 움직임이나 호흡과의 연결이 부드러워지면 킥의 비율을 늘린다.

드릴 4의 포컬 포인트

- 각각의 단계에서는 우선 호흡을 하지 않고 연습하고, 타이밍을 익힌 다음 호흡을 더한다.

- 호흡 때문에 머리의 움직임이 멈추지 않도록 한다.

- 스냅, 킥 모두 무릎은 가능한 한 굽히지 않도록 한다.

- 스냅, 킥으로 수면 바로 아래에서 스트림 라인 자세로 전진하도록 의식한다.

- 머리, 손 그리고 상반신이 물속의 작은 구멍을 빠져나가듯이 한다.

드릴 4의 트러블 슈팅

- **발목이 뻣뻣해서 스냅이 어렵다** → 무릎을 살짝 구부려 다리를 활처럼 휘게 만든 상태에서 허벅지의 뒤쪽 근육을 이용해 재빨리 발을 곧게 펼 때 발등으로 '물을 치도록' 해보자.

- **발가락 끝이 바깥쪽으로 벌어지지 않는다** → 발을 당길 때 무릎을 각각 15cm 정도 바깥쪽으로 벌리면 발바닥 가운데로 물을 밀 수 있다. 단, 무릎 사이가 너무 벌어지면 무릎이나 허벅지의 안쪽 근육에 가해지는 부담이 커지므로, 무릎을 심하게 벌리지 않도록 주의한다.

 **드릴 5** 백 킥

많은 사람들이 평영의 킥에서 발끝을 바깥으로 돌리는 동작이 어렵다고 말한다. 이런 경우에는 다음과 같은 연습을 하면 좋다.

드릴 5의 스텝

1 손을 몸의 옆구리에 두거나, 머리 위로 쭉 뻗어 배영 자세로 물에 뜬다. 물의 지지가 느껴질 때까지 긴장을 풀고 뜬 상태를 유지한다.

2 양발은 가지런히 모은 채 무릎을 구부리고 발뒤꿈치를 당긴다. 이때 무릎이 수면 위로 나오지 않도록 한다.

3 발뒤꿈치가 무릎 아래에 오면 발끝을 벌리고 발바닥 가운데로 물을 뒤로 밀면서 다리를 원위치로 되돌린다.

4 발가락 끝을 수면을 향해서 들어 올려 모으고 쭉 뻗으면서 힘차게 마무리한다.

드릴 5의 포컬 포인트

- 발목을 중심으로 발 전체를 움직이는 것이 아니라, 무릎을 중심으로 발뒤꿈치를 움직인다. 이렇게 하면 무릎과 허벅지에 대한 부담이 크게 줄어든다.

- 발뒤꿈치를 당길 때는 허리의 폭보다 더 벌어지지 않도록 한다.

- 무릎이 수면으로 나오면 무릎을 당기고 있다는 증거다. 무릎은 항상 수면 아래에 숨어 있어야 한다.

드릴 5의 트러블 슈팅

- **무릎이 수면 위로 자꾸 나온다** → 수영장 사이드에 걸터앉아 킥 동작을 해보자. 무릎을 주시하면서 무릎을 고정점으로 생각하고, 이를 중심으로 발이 움직이도록 반복해서 연습한다. 또한 백 킥을 할 때 머리가 수면 위로 올라와 있으면 허리

가 가라앉고 무릎이 올라간다. 얼굴이 수면에 잠길락 말락 할 때까지 머리를 물속에 넣는다.

- **킥을 해도 전진하지 않는다** → 평영의 킥은 발바닥 가운데로 물을 밀어서 전진한다. 앉아서 하는 킥을 연습하고, 발바닥 가운데에 물의 저항이 느껴지는지 확인하자.

드릴 6 호흡이 없는 킥

여기서는 평영의 킥을 몸동작에 접목시킨다.

킥이 끝날 때마다 머리가 스트림 라인 자세로 되돌아오는 것을 강조하기 위해서 우선 호흡을 하지 않고 연습한다. 호흡을 넣지 않고 3, 4회 킥을 한다. 그리고 나서 호흡을 넣고 킥을 하거나, 물 위로 올라서면서 호흡을 하고 다시 출발을 하거나, 둘 중 한 동작으로 넘어간다.

드릴 6의 스텝

1 스트림 라인 자세에서 출발한다. 몸을 곧게 편 채로 무릎을 살짝 구부려 다리를 활처럼 휘게 만든다.

2 발끝이 바깥으로 향하고 있을 때도 스트림 라인 자세를 유지한다. 얼굴은 항상 아래를 바라본다.

3 발을 밀어 스냅하고 스트림 라인 자세가 되면 몸이 훨씬 더 곧게 펴진 상태가 되도록 머리도 함께 전방으로 나간다고 의식한다.

드릴 6의 포컬 포인트

- 우선 조용하고 작게 킥을 시작한다.

- 머리부터 허리까지 곧게 펴는 것을, 특히 찰 때 의식한다.

- 호흡은 하지 않는다. 다만, 찰 때 머리를 조금 앞으로 움직이면 더 앞으로 나가게 될 것이다.

드릴 6의 트러블 슈팅

- **하반신이 가라앉는다** → 머리를 완벽하게 물속에 넣는다. 시선은 바로 아래, 즉 수영장 바닥을 바라본다. 또한 뻗은 손을 수면 위가 아니라, 수면 아래 20cm 지점으로 이동시키면 허리가 뜨게 된다.

- **백 킥을 할 때는 전진했는데, 엎드려 떠서 하면 전진하지 않는다** → 지금껏 평영을 하면서 크게 차던 버릇이 나온 것일 수도 있다. 백 킥을 3회 실시하고 나서 엎드려

떠서 3회, 다시 백 킥을 3회, 이렇게 교대로 킥 동작을 연습한다. 백 킥을 할 때 느꼈던 발을 당기거나 밀어내는 감각을, 엎드려서 킥 동작을 할 때도 그대로 재현할 수 있도록 한다.

드릴 7 미니풀

킥 연습에 호흡을 넣기 위해서 어깨너비를 넘지 않는 범위에서 손을 젓는 '미니풀(Minipull)'을 더한다.

드릴 7의 스텝

1 몸을 쭉 편 상태로 시작한다. 발을 곧게 편 상태에서 손을 벌리면서 전방을(머리를 들지 않고) 바라본다.

2 양손을 안쪽으로 당길 때 무릎을 살짝 구부린다. 발뒤꿈치를 당기면서 수면 위로 입을 내놓고 호흡하는데, 이때 턱은 수면 위로 나오지 않도록 한다. 손은 항상 턱 앞에서 움직인다.

3 킥 준비가 완료되면 양팔 사이로 머리를 떨어뜨리면서 다시 스트림 라인 자세를 취하고 킥 준비를 한다.

4 킥을 하고 다리를 모았다면 머리와 손을 쭉 뻗어 스트림 라인 자세를 만든다. 발차기를 했을 때 몸 전체가 다시 곧은 일직선이 되도록 의식한다.

드릴 7의 포컬 포인트

- 몸이 만드는 작은 웨이브의 리듬에 맞춰 모든 동작을 콤팩트하게 하도록 의식한다.

- 손을 젓는다기보다 재빨리 원위치로 되돌린다고 생각한다.

- 수면 바로 아래에서 스트림 라인 자세를 취한다. 손을 젓는 동작이 커지면 머리가 상하로 움직이기 때문에 수면 아래 깊은 곳으로 가라앉게 된다.

- 허리 위치를 높게 유지하기 위해서는 가슴에 체중을 싣도록 한다.

드릴 7의 트러블 슈팅

- **호흡을 할 수 없게 된다** → 손을 젓는 동작이 커서 몸의 상하 타이밍을 맞추지 못할 가능성이 있다. 바깥쪽으로 크게 벌리고 그 반동으로 작게 저으면서 이와 동시에 상체를 일으키도록 한다. 또한 얼굴이 전방을 바라보고 있으면 입이 수면 위로 나오는 타이밍이 늦어지게 된다. 호흡을 하는 동안에도 항상 수영장 바닥을 보도록 얼굴은 수면과 평행하게 한다.

- **손과 발의 타이밍이 제각각이다** → 발동작이 커져도 타이밍이 맞지 않게 된다. 잘 되지 않으면 킥을 스냅으로 전환하고, 발을 움직이기 시작하는 타이밍을 확인해 보자. 타이밍을 파악했다면 킥의 빈도를 조금씩 늘린다.

테리 래플린의 TI 칼럼

힘이 아니라 현명함으로 문제 해결하기

물과 싸우지 말고 네 가지 기술에 초점을 맞추어 물과 함께 움직이려고 해야 한다.

1. 균형을 잡아라 : 생존을 위한 수영이 아닌 기술적인 수영으로
균형 잡기는 '발버둥치는' 수영인에게 수영에 대한 두려움을 극복하고 자신의 능력에 확고한 믿음이 생기도록 도와준다. 생존용 스트로크에서 벗어나 팔다리를 더욱 효율적으로 사용할 수 있기 때문이다. 힘을 빼고 입수하는 법을 배우면 수영 실력 개선에 매우 효과적이다.

'중력' 때문에 몸의 95%가 물에 잠기므로 인간은 물 위가 아니라 물을 '가르며' 수영한다. 따라서 물에 가라앉는 것 같은 느낌을 없애려 허우적대지 말고, 물속에서 수평 자세로 편안하게 움직이는 법을 배워야 한다. 그러면 다리가 수면으로 더 가까이 올라온다. 균형을 잡으면 물에 가라앉는 것이 도리어 이득이 된다. 수면에 닿은 것보다 수면 바로 아래에서 항력이 적기 때문이다.

등 아래쪽 절반은 물 아래로 끌어당겨지므로 위쪽을 이용해서 중심을 잡아야 한다. 우선 약 4.5킬로그램에 해당하는 머리 무게를 내려놓아 물이 그것을 떠받치도록 하는 것부터 시작한다. 머리와 척추를 일직선으로 나란히 맞추고 두 팔을 앞으로 뻗어서 하체의 균형을 맞추면, 발차기를 하지 않고도 항력을 크게 줄이고 수평 자세를 만들 수 있다. 머리 무게를 내려놓으면 목과 어깨도 편안하게 이완된다.

2. 물을 뚫어라 : 유선형 자세
물은 밀도가 높으므로 물을 '뚫고' 나아가야 한다. 따라서 항력을 피하는 데 집중하여 마치 물의 가장 작은 '소매'를 뚫고 미끄러지듯 나아가는 것이 가장 현명한 방법이다.

자유형과 배영에서는 몸을 양분한 다음 각각 어뢰처럼 물을 뚫고 지나가는 모습을 상상한다. 풀(당기기)과 킥(차기)에 집중하지 말고, 오른쪽으로 누웠을 때와 왼쪽으로 누웠을 때 최대한 길고 매끄럽게 균형 잡힌 유선형 자세를 만드는 데 집중한다. 한쪽 팔을 앞으로 길게 뻗으면서 팔 뒤로 동체와 다리가 일직선이 되도록 한다.

평영과 접영에서는 돌고래처럼 웨이브를 그리며 움직인다. 스트로크마다 등이 물 밖으로 '스르르' 나오게 한 후 가슴을 밀면서 미끄러지듯 나아간다. 양팔로 수면을 뚫고 머리와 동체, 다리를 쭉 뻗으며 에너지를 앞으로 보낸다. 한 번의 스트로크마다 먼 거리를 나아갈수록 저항이 약해져서 속도가 빨라진다.

3. 체중과 함께 나아가라 : 체중 이동

TI 자유형과 배영에서는 오른쪽으로 누운 유선형 자세일 때 위로 들려진 몸의 왼쪽 부분으로 앞으로 뚫고 나간다. 이렇게 하면 '높은 쪽'에 저장된 에너지가 중력에 추진력을 더해주므로 작은 힘으로도 놀라울 만큼 커다란 힘을 낼 수 있다. TI 평영과 접영에서는 가슴과 엉덩이를 움직임으로써 동체의 파워풀한 근육을 이용해 추진력을 가속시킨다. 이 힘은 무조건 힘을 더 준다고 커지는 것이 아니다. 머리와 팔, 몸통이 앞쪽에서 한 번에 동시에 매끄럽게 착지하는 움직임을 통해 몸의 모든 부분이 하나로 연결될 때 커진다.

4. '기다리는 손'으로 물을 잡아라

수영인들은 대부분 힘을 내기 위해 팔을 당기고 다리를 차다 보면 어쩔 수 없이 난류가 발생한다고 생각한다. 그러나 유선형 자세와 체중 이동을 강조할 때 난류는 말 그대로 항력을 뜻한다. TI 수영에서는 팔을 물에 깔끔하게, 부드럽게 내려놓음으로써 물의 튐을 피하여 물을 굳게 잡을 수 있다. 그런 다음 닿지 않는 곳에 있는 무언가로 향하듯 최대한 팔을 뻗는다. 그리고 참을성을 가지고 손 뒤로 최대한 많은 물을 굳게 잡는다. 안정적으로 물을 잡은 후에 스트로크 한다. 이처럼 기다리는 손으로 물을 잡으면 몸이 파워풀한 체중 이동을 준비하는 자세가 된다.

자유형이 가능한 사람도
배영을 연습하자

배영은 천장을 보고 누운 자세로 수영하기 때문에 수영장 바닥의 가이드라인이나 벽을 볼 수 없다. 그래서 똑바로 일자로 전진하는 기술을 익혀야 한다. 또한 물속에서 취하는 손동작이 보이지 않기 때문에 다른 영법처럼 타이밍이나 가속 정도를 눈으로 직접 컨트롤 할 수 없다. 따라서 저항이 적은 자세나 동체의 회전 등 다른 영법에서도 중요시되는 기술을 더욱더 열심히 갈고닦아야 한다.

　주로 자유형으로 수영하는 사람도 배영 연습을 해야 한다. 배영의 드릴을 연습하거나, 속도를 높여서 수영하는 자유형의 연습 중간에 배영으로 휴식을 취하면 좋다.
　배영과 자유형은 같은 근육을 사용하지만 움직임은 정반대다. 예를 들어 자유형일 때 수축되었던 근육이 배영일 때는 이완된다. 따라서 천천히 배영을 하면 자유형으로 지친 근육을 '마사지'하는 효과를 얻을 수 있다.
　자유형의 경우는 많은 사람들이 올바르게 호흡하지 못해 긴장된 상태로 수영한다. 하지만 배영은 언제든 호흡이 가능하기 때문에 긴장을 풀고 편안하게 수영할 수 있다. 그러므로 자유형과 배영을 번갈아 연습하는 것이 좋다.

배영의 개선 포인트

배영의 문제점

천장을 보고 누운 자세로 수영하는 배영은 얼핏 간단해 보이지만, 배영 기술을 알지 못하면 아래와 같은 문제점이 발생하게 된다.

- **머리가 가라앉는다** → 물이 얼굴 위를 넘실대는 것이 싫어서 머리를 든 채로 수영하기 때문에 허리와 발이 가라앉는다.

- **호흡** → 호흡 타이밍을 모르기 때문에 손이 물 위에서 가장 높은 위치(몸이 가장 많이 가라앉을 때)에 도달했을 때 숨을 들이마시려고 하다 물을 먹게 된다. 또한 좌우 스트로크마다 들이마시려고 하기 때문에 숨을 충분히 뱉을 수 없어서 결과적으

로 힘들어진다.

- **좌우 손동작** → 왼손이 몸의 옆구리에 오고 나서 오른손을 움직이기 때문에 동체가 회전하지 못하고 추진력이 생기지 않는다. 외관상 동작이 제각각 따로 논다.

- **물속에서의 동작** → 물속에서 크게 손을 움직이기 때문에 물 위의 손과 타이밍이 맞지 않는다. 또한 오랫동안 수영하면 지친다.

이러한 문제점을 해결하기 위해서 TI 수영에서는 다음에 소개할 포인트에 주목하고 배영을 개선해 나간다.

배영의 개선 포인트 1

물속에서 긴장을 푼다

개선 포인트 1~3은 저항을 줄이는 기술이다.

몸이 가라앉는다고 느껴질 때는 물을 먹지 않으려고 상체를 세우는 경우가 많은데, 그러다 보면 허리가 가라앉는 결과를 초래한다.

따라서 우선 전신, 특히 목의 긴장을 풀고 머리를 물속에 넣는데, 귀는 다 잠기도록 하고 수면 위로 얼굴만 나오도록 한다. 그리고 허리와 다리가 가벼워질 때까지 견갑골(어깨뼈)에 중심을 싣는다. 또한 뻗은 손의 손바닥으로 수면을 아래로 가볍게 누르면 상체가 가라앉는 것을 막을 수 있다.

배영의 개선 포인트 2

머리끝부터 발끝까지 회전한다

천장을 보고 물속에 뜬 상태에서 긴장을 푼다. 허리가 수면 가까이에 오면 머리끝에서 발끝까지를 쉽게 회전할 수 있다. 몸의 회전을 통해 리듬과 추진력을 얻을 수 있고, 저항을 줄일 수 있다. 보다 효율적인 회전을 위해서는 다음의 사항을 의식하면서 연습한다.

1 축을 중심으로 회전할 때 머리는 움직이지 않는다. 머리끝부터 등골을 지나 발끝까지 곧게 뻗은 선을 따라 머리끝에서 레이저 광선이 직선으로 나온다는 생각으로 레이저 광선의 라인을 축으로 회전한다.

2 회전할 때마다 허리뼈가 수면 위에 오는 것을 의식한다. 다른 쪽의 허리뼈가 수면에 도달하면 반대쪽의 허리뼈를 수면으로 옮긴다는 생각으로 몸을 회전시킨다.

3 몸을 회전시킬 때 어깨가 차례로 수면 위로 나오도록 한다. 오른손으로 저을 때는 왼쪽 어깨를 수면 위로 내놓고 어깨 뒤쪽으로 수압이 느껴지지 않도록 하며, 반대쪽도 동일하게 한다. 어깨 회전에 초점을 맞추느냐, 허리 회전에 초점을 맞추느냐에 따라 감각이 다르기 때문에 상당히 큰 도움이 된다.

4 항상 긴장을 풀고 물에 기댄다고 생각한다. 허리와 어깨의 회전을 의식하면서 머리와 견갑골은 항상 물속에서 긴장을 풀도록 한다.

배영의 개선 포인트 3

가능한 한 몸을 길게 뻗어서 저항을 줄인다

평영의 경우는 저항이 가장 적은 수면 바로 아래에서 가능한 한 긴 스트림 라인 자세를 취하라고 조언했다. 그런데 이와 달리 배영에서는 손가락 끝부터 발가락 끝까지 곧게 펴고 몸이 살짝 기울였을 때가 저항이 가장 적다.

천천히 물속에 있는 손으로 물을 밀면서 조금이라도 오랫동안 그 자세를 유지하도록 노력한다. 다른 손이 물 위에서 원위치로 되돌아오는 동작을 취하는 동안 동작의 3분의 1 정도를 끝낸 시점(아래 사진을 참고한다)에서 재빨리 아래쪽 허리를 수면까지 회전시켜 저항이 가장 적은 반대쪽의 자세로 전환한다.

배영의 개선 포인트 4

물을 민다

개선 포인트 4와 5는 추진력을 늘리는 기술이다.

추진력을 얻는 가장 효과적인 방법은 손을 뻗은 상태에서 물을 미는 '참을성 있는 캐치'와 '동체의 엔진'의 조합이다.

'참을성 있는 캐치' 덕분에 손으로 물을 저을 때 근력에 심하게 의존하지 않게 된다. 손으로 물을 자르듯이 입수시켜 되도록 물보라나 거품이 일어나지 않게 했다면 손바닥을 아래로 향하게 해서 몸을 안정시킨다(아래에서 위쪽 사진을 참고한다).

그다음에는 팔꿈치를 10cm 정도 떨어뜨리면서 이와 동시에 손바닥을 옆으로 움직여서 손가락 끝이 옆을 향하도록 한다(아래에서 아래쪽 사진을 참고한다).

그러고 나서 손바닥으로 물을 밀 수 있도록 몸에 맞춰 움직이면서 뒤로 민다. 몸의 회전과 함께 손바닥은 아래쪽 허리에 도달한다. 이때 팔꿈치를 당기지 않도록 한다. 또한 손목과 손바닥을 곧게 유지하고, 손목으로 손바닥을 돌리지 않도록(물을 손으로 휘감지 않도록) 한다.

배영의 개선 포인트 5

동체의 엔진을 움직인다

동체의 엔진을 100% 활용하기 위해서 아래의 2가지 사항을 연습해보자.

1 물속의 손과 물 위의 손이 동시에 어깨를 통과하도록, 움직이는 타이밍과 동선을 조정한다. 물 위의 손이 가진 '지레의 힘'으로 물속의 손이 움직이도록, 또한 견갑골을 사이에 두고 양손이 연결되어 있다고 생각한다.

2 위의 타이밍을 유지하면서 허리뼈를 리드미컬하게 수면까지 회전시킨다. 동체에서 손으로 힘이 이동되고, 리드미컬한 허리의 회전이 손을 젓는 동작에 힘을 실어주는 감각을 느낄 수 있다.

배영의 킥을 개선한다

자유형에서는 일반적으로 2비트 킥(한쪽의 스트로크마다 1회 킥을 한다)을 하는데, 배영의 경우는 6비트 킥을 적용한다. 다음은 배영의 킥에서 의식해서 연습해야 할 사항이다.

1 발을 동체의 움직임에 맞춰 리드미컬하게 회전시키므로 오른손이 입수한 경우 발은 오른쪽을 향하고, 왼손이 입수할 경우는 왼쪽을 향한다.

2 발을 버둥버둥 움직이지 말고 가볍게, 콤팩트하게, 리드미컬하게 킥을 한다.

3 킥으로 수면에 물결이 가볍게 생기도록 하는데, 무릎이나 발가락 끝은 수면 위로 나오지 않도록 한다. 발을 곧게 펴고 허리를 이용해서 킥을 한다.

배영의 호흡을 개선한다

얼굴이 항상 수면 위로 나와 있는 배영에서도 호흡 기술을 익힐 필요가 있다.

1 숨을 들이마시는 것은 손을 들어 올릴 때다. 어깨와 손바닥이 수면 위로 나와 손을 들어 올릴 때 물속에 있는 손의 바닥을 아래로 향하게 하면 머리가 가라앉지 않

고, 입으로 숨을 편안하게 들이마실 수 있게 된다.

2 그다음에 같은 쪽의 손을 들어 올릴 때까지 코로 숨을 계속 내쉰다. 다른 영법과 달리, 배영은 얼굴이 수면 위로 나와 있기 때문에 숨을 조금씩 계속 내쉬는 것이 어렵다. 조용하게 허밍을 하면 내쉬는 숨의 양을 조절할 수 있다.

3 숨을 들이마실 때 이외에는 얼굴이 물속에 잠겨도 상관없다. 각오를 하고 얼굴을 물속에 넣으면 허리와 다리가 놀랄 정도로 많이 뜨게 된다. 만일 물을 먹거나 코로 물이 들어간다면 무의식적으로 입을 벌렸거나 코로 숨을 계속 내쉬지 않았다는 증거다. 입으로 숨을 들이마실 때까지는 입을 닫고 허밍을 의식적으로 한다.

4 아무리 해도 코로 물이 들어가는 경우는 노즈 클립(코마개)을 사용하도록 하자. 올림픽에 출전하는 배영 선수들도 노즈 클립을 사용한다. 단, 이 경우에는 입으로 숨을 내뱉을 필요가 있기 때문에 숨을 들이마시기 전에 한 번에 내뱉는 연습을 하자.

5 좌우의 손을 들어 올릴 때마다 숨을 들이마시면 내뱉을 여유가 없어져 결과적으로 숨쉬기 힘들어진다. 자유형에서 좌우 스트로크마다 호흡을 하지 않는 것과 마찬가지로, 배영에서도 호흡하는 쪽을 정한다. 또한 배영에서는 코로 숨을 계속 내뱉기 때문에 자유형과 달리 2스트로크마다 호흡하는 편이 가장 편안하게 수영할 수 있다.

배영의 완성형

배영의 완성형을 보고, 앞으로 어떤 연습을 하게 될지 생각해보자.

1 물을 자르듯이 입수한다
물 위의 가장 높은 곳에서 물속의 몸 아래로 올 때까지 물보라를 만들지 않고, 예를 들어 버터를 칼로 자르듯이 수면에서 잠시도 지체하지 말고 한 번에 손을 입수시킨다. 입수 후에는 손바닥이 아래를 향하도록 해서 몸이 가라앉는 것을 막는다.

2 물을 민다
그다음에는 팔꿈치를 10cm 정도 떨어뜨리고 이와 동시에 손바닥을 옆으로 움직여 손가락 끝이 옆을 향하도록 한다. 그러고 나서 손바닥으로 물을 뒤로 민다. 이때 물의 저항을 손으로 느낄 수 있다.

3 팔씨름을 한다

손동작과 몸의 회전을 일치시키기 위해서 평평한 바닥에서 리허설을 해보자. 몸을 살짝 기울인 자세에서 손을 뻗고 팔꿈치와 손등을 바닥에 대고 팔씨름을 하듯이 몸의 회전을 이용하여 손바닥과 전완부를 반복해서 움직인다. 물속에서는 전완부의 안쪽에서 물의 저항이 느껴지면 몸을 회전시켜서 손 전체를 돌려 물을 뒤로 밀도록 한다.

4 물을 던진다

물속에 있는 손이 팔꿈치의 옆을 통과하면 발을 향해 물을 던지듯이 해서 몸의 옆구리까지 이동한다. 물속에서 손바닥을 스냅시킨 반동을 이용하여 엄지손가락부터 재빨리 수면 위로 내놓는다.

5 목표를 정한다

수면 위의 손이 가장 높은 곳에 도달하면 손바닥을 돌려서 새끼손가락부터 입수할 준비를 한다. 입수하는 위치와 각도, 속도를 정한 후에 버터를 칼로 자르듯이 손을 재빨리 입수시킨다. 이때 머리는 고정한 채로 둔다.

배영의 드릴

 스위트 스폿

균형 잡힌 자세에서 긴장을 풀고 편안한 마음으로 안정되게 물의 지지를 받는 감각을 체험한다. 동체 회전의 올바른 각도를 익힌다. 자신이 가장 편하게 느껴지는 각도나 자세를 찾는다는 의미에서 이번 드릴을 '스위트 스폿(Sweet Spot)'이라고 부른다.

드릴 1의 스텝

1 천장을 바라보고 물에 뜬 자세를 취한다. 목 근육을 편 채로 수면이 얼굴 가장자리를 살짝 감쌀 정도로 수면 위로 나오도록 머리를 물속에 넣고 온몸의 긴장을 푼다.

2 조용하게 킥을 하며 얼굴은 천장을 수직으로 바라본 상태에서 머리를 고정하고 몸만 회전시킨다. 한쪽 허리가 겨우 수면 위로 나올 정도로 몸을 회전시킨다.

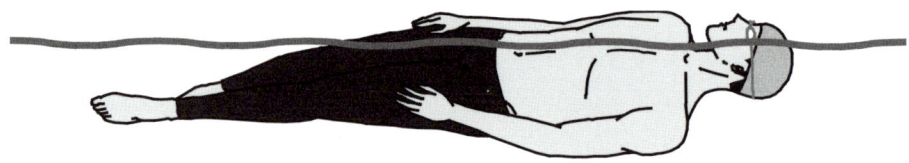

3 다리도 이와 동일하게 회전하므로 몸이 기울어진 상태에서 킥을 하게 된다.

4 '왼쪽으로 회전―정면―오른쪽으로 회전―정면―왼쪽으로 회전' 순으로 반복한다. 이를 '액티브 밸런스 드릴'이라고 부른다. 몸의 축을 의식하고, 축을 중심으로 회전하도록 한다.

드릴 1의 포컬 포인트

- 처음에는 왼쪽, 오른쪽으로 회전 방향을 바꾸지 말고 한쪽으로 계속해서 수영한다. 머리끝을 누군가가 당기고 있다고 생각하면서 머리를 움직이지 않도록 노력한다. 발이 가라앉지 않을 정도로 가볍게 킥을 더한다. 수영장 벽에 도착하면 출발할 때 선택했던 쪽의 반대쪽으로 자세를 바꿔 연습한다.

- 양쪽 모두 안정적으로 수영할 수 있게 되면 도중에 방향을 바꾼다. 몸의 축을 의식하면서 얼굴은 위를 바라본 채 몸만 최소한으로 회전하도록 노력한다. 처음에는 좌우의 스위트 스폿 중간에 얼굴과 몸이 수영장 천장을 정면으로 바라보는 자세를 넣어도 좋다.

- 부드럽게 좌우 전환을 할 수 있게 되면 액티브 밸런스 드릴로 넘어간다. 25m에서 6~8회 몸을 회전시키는데, 긴장을 풀면서 리듬감 있게 몸을 회전시키도록 한다.

드릴 1의 트러블 슈팅

- **발이 가라앉는다** → 지방이나 근육 등 몸의 구성에 따라 발이 가라앉을 수 있다. 얼굴이 수면 아래로 가라앉은 상태가 되어도 발이 가라앉는다면 크게 신경 쓰지 않아도 된다. 발이 계속 가라앉아 수영장 바닥에 닿는다면 이는 체중의 이동이 완벽하지 않은 경우다. 다시 한 번 이마, 볼, 턱으로 수면이 느껴지는지를 확인해보자. 킥은 위쪽을 향한다고 의식하고 좁은 폭으로 작게 차고 횟수를 늘려본다.

- **코로 물이 들어간다** → 추진력이 거의 없기 때문에 물이 불규칙적으로 얼굴에 닿아 코로 물이 들어가는 경우가 종종 있다. 얼굴이 물에 잠길 정도까지 머리를 물속으로 넣으면 코로 물이 들어가지 않으므로(얼굴이 낮은 위치에 있다) 드릴을 올바르게 하고 있다는 증거라고 생각하자. 코로 조금씩 숨을 내쉬면 물이 들어가는 것을 막을 수 있다.

- **뒤로 간다** → 킥이 소위 말하는 '자전거 페달을 구르는 동작'이 되면 아무리 킥을 해도 앞으로 나가지 않고 후진하는 경우가 있다. 수영장 사이드에 걸터앉아 앞쪽에 공(비닐 소재)처럼 물에 뜨는 것을 둔다. 그 공을 가능한 한 멀리 움직이도록 킥을 연습하면 스위트 스폿의 올바른 킥 동작을 익힐 수 있다. 또한 발을 앞으로 내민 상태일 때 발등과 정강이가 일직선이 되도록 한다.

- **사선으로 나아간다** → 머리가 몸과 일직선이 아니거나, 양손이 동일하게 몸 쪽으로 움직이지 않거나, 좌우의 킥이 다른 것이 원인이다. 우선 어느 한쪽으로 치우친 머리의 방향을 반대쪽으로 기울이도록 움직여보자. 이렇게 했을 때 몸이 똑바로 나간다면 머리가 원인이다. 또한 양손이 항상 허리를 스치도록 의식하면서 몸을 회전시켜본다. 이렇게 했을 때 몸이 똑바로 나간다면 손이 원인이다. 만일 머리와 손을 개선했는데도 몸이 똑바로 나가지 않는다면 킥이 원인이므로 앞에서 설명했던 '앉아서 하는 킥'을 연습해보자.

드릴 2 손과 동체의 연동(리커버리 로테이션)

여기서는 배영의 기본 자세와 물 위에서 그리고 물속에서의 손동작과 동체의 회전 동작의 연관성에 대해 배운다.

드릴 2의 스텝

1 스위트 스폿 자세에서 좌우를 전환하기 위해서 몸을 회전시킬 때, 수면 위에 있는 손을 들어 올려서 머리 위로 움직이고 마치 버터를 칼로 자르듯이 입수시킨다.

2 입수한 손은 수면 아래 30cm 정도 깊이까지 한 번에 움직인 후, 손바닥을 아래로 향하게 하여 몸이 가라앉는 것을 막는다. 뻗은 손을 물속의 깊은 위치에 두면 허리와 발이 뜨고, 몸 전체가 균형 잡힌 자세가 된다. 이 자세(다음 사진 중 오른쪽)가 배영의 기본 자세(스트림 라인 포지션)다.

3 2의 자세로 안정되면 팔꿈치를 10cm 정도 떨어뜨리고 이와 동시에 손바닥을 옆으로 움직여 손가락 끝이 옆을 향하도록 한다. 그다음 손바닥으로 물을 뒤로 민다.

4 팔씨름을 하는 요령으로 손을 뒤로 밀고 이와 동시에 몸을 회전시킨다. 마지막으로 물을 던지듯이 밀어내고 손은 허리의 앞, 즉 바지 앞주머니 위치로 이동시킨다. 같은 쪽의 요골이 수면으로 드러난다. 자세가 안정되면 **1**부터 반복한다.

드릴 2의 포컬 포인트

- 손은 천천히 머리 위로 들어 올려 정확하게 물을 자르듯이 입수시킨다. 이때 부력이 줄어들어 몸이 가라앉으므로 코로 숨을 내뱉으면서 한다.

- 손을 곧게 입수시키려면 다음의 과정을 의식하면서 연습한다.
  ① 손을 지나치게 뻗지 않는다(안쪽으로 넣는다).
  ② 어깨와 귀의 거리를 유지한다.
  ③ 입수 시에는 손바닥이 바깥쪽을 향하도록 하고 새끼손가락부터 넣는다.
  ④ 폭이 너무 벌어지지 않을 정도로 입수하는 것을 의식한다.

- 처음에는 편도 1회 또는 2회만 실시하고 서서히 횟수를 늘린다. 동작을 실시하기 전에는 반드시 자세가 안정되어 있는지 확인한다.

- 손동작은 다음과 같이 나눌 수 있다.
  ① 물을 자르듯이 입수한다.
  ② 물을 뒤로 민다.
  ③ 팔씨름을 한다.
  ④ 물을 던진다.
  ⑤ 목표를 정한다.
  이 동작 중 어느 하나에 집중해서 연습하고 부드럽게 할 수 있게 되면 다음 동작으로 넘어가 그 동작을 집중해서 연습한다.

- 마지막 단계에서는 손을 뻗은 스트림 라인 포지션을 기점으로 동작을 멈추지 말고 실시한다. 쉴 때는 기본 자세로 쉰다. 잘할 수 있게 될 때까지는 이 드릴을 8~10시간 연습할 필요가 있다.

드릴 2의 트러블 슈팅

- **손을 수면 위로 들어 올리면 얼굴이 가라앉는다** → 손의 부력이 감소하기 때문에 몸이 반드시 가라앉는다. 얼굴이 가라앉지 않을 때는 머리를 들고 있을 가능성이 있다. 얼굴이 가라앉는 것을 당연하다고 생각하고 손을 들어 올리기 전에 입으로 숨을 들이마시고, 손을 들어 올리는 사이에 얼굴을 입수시키고, 물속에서 손이 뻗어 있는 동안에 코로 숨을 내뱉도록 한다.

- **똑바로 나가지 않는다** → 한쪽으로만 연습해서 평소 배영으로 수영할 때보다 갈지자로 왔다 갔다 하거나, 좌우로 쏠릴 수 있다. 입수하는 손의 방향, 입수할 때의 머리 위치를 변화시켜 진행 방향이 달라지는지 알아본다. 달라졌을 때는 똑바로 되도록 손이나 머리를 조정한다.

- **물속에 있는 손이 무겁게 느껴진다** → 어깨로 손을 돌리고 있을 가능성이 있다. 물속에서 뻗은 손은 일단 팔꿈치를 떨어뜨려 손가락 끝이 옆을 향하는지 확인한다. 그 상태에서 팔씨름을 하듯이 몸의 회전과 손바닥의 방향 전환을 일치시키면 동체를 이용해 손을 움직일 수 있게 되므로 어깨에 가는 부담이 줄어든다.

드릴 3 　파셜 리프트

드릴 3 이후부터는 물 위의 손과 물속의 손을 효율적으로 전환하는 것뿐만 아니라, 동체를 이용해서 '더욱 파워풀한 손의 움직임(젓기)'을 익히도록 연습한다. 우선 회전 방향의 전환을 하는 타이밍인 '스위치 포인트'에서 취해야 할 몸의 자세를 익힌다.

드릴 3의 스텝

1 손을 뻗은 기본 자세(스트림 라인 포지션)에서 작은 킥을 하면서 위쪽의 손을 천천히 30도 각도까지 들어 올린다. 이 위치가 좌우측의 전환이 시작되는 '스위치 포인트'다. 손목부터 손끝까지 힘을 뺀다.

2 몸의 균형을 확인하고 천천히 손을 원위치로 되돌린다. 손을 들어 올린 자세, 손이 원위치로 되돌아온 자세가 항상 긴장이 풀리고 안정될 때까지 반복한다.

3 어느 자세든 안정되면 들어 올리고 있는 시간을 길게 한다.

4 3의 동작이 부드럽게 잘되면 3회 들어 올리기 동작을 한 다음, 실제로 좌우측을

전환하는 동작(스위치)을 해보자. 그리고 1회 들어 올리기 동작을 한 후에 스위치를 해본다.

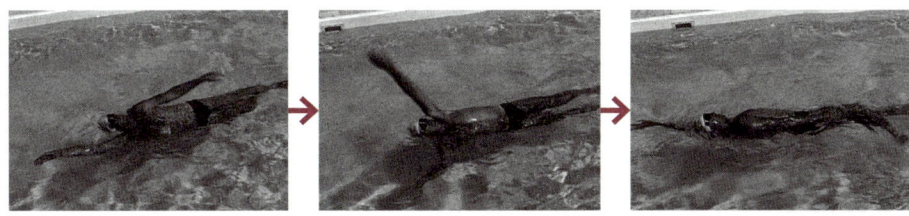

드릴 3의 포컬 포인트

- 생각했던 것보다 더 들어 올리지 않으면 30도가 되지 않는다. 균형이 깨질 것 같으면 30도보다 작은 각도부터 시작해보고, 안정되면 서서히 각도를 높여 나간다.

- 물 위의 손동작이 부드럽게 되면 물 위의 손이 30도에 도달함과 동시에 물속의 손도 물을 뒤로 밀 준비를 시작한다. 단, 스위치가 시작될 때까지는 물속의 손을 가능한 한 뻗은 상태로 놔둔다.

- 물 위의 손은 최종적으로 물속에 있는 손과 어깨(물 위로 나와 있는 부분)에서 오버랩된다. 스위치할 때는 양손이 만나는 곳을 확인하고, 어깨에서 만나도록 조정한다.

 ## 드릴 4 피니시업 스위치

지금까지 손동작의 시작과 종료는 허리의 옆쪽이었지만, 스위치 포인트로 이동시키면 부드러운 스위치 동작이 가능해진다.

드릴 4의 스텝

1 스트림 라인 포지션 자세가 안정되면 허리 위치에 있는 손을 스위치 포인트까지 들어 올리고, 드릴 3의 파셜 리프트 자세로 바꾼다.

2 그 상태로 스위치한다.

3 지금까지는 스트림 라인 포지션에서 스위치가 끝났지만, 손을 허리의 옆쪽에서 멈추지 말고 그 상태로 다음 스위치 포지션까지 이동시키고 정지한다.

4 이런 방식으로 스위치를 계속 한다. 스위치 동작은 스위치 포지션에서 시작 및 종료하도록 한다.

드릴 4의 포컬 포인트

- 스위치를 시작하기 전에 온몸의 긴장이 풀렸는지, 균형이 잘 잡힌 자세인지 확인하자.

- 물 위의 손동작은 가능한 한 천천히 한다. 입수할 때의 손 방향과 물을 자르듯이 입수시키기 위한 각도를 확인한다.

- 물 위의 손이 스위치 포인트에서 일단 정지하는 것과 마찬가지로 물속의 손도 수면에서 30cm 지점에서 정지시킨다. 스위치를 반복할 때마다 손의 위치가 수면 가까이 오지 않도록 주의하자.

- 허리의 회전과 손동작을 연동시키면 스트림 라인 포지션에서 손이 멈추는 것을 막을 수 있다.

드릴 4의 트러블 슈팅

- **허리의 옆쪽에서 손이 멈추고 만다** → 드릴 2의 리커버리 로테이션을 스위치 포인트에서 멈추도록 해서 연습한다. 드릴 2는 한쪽 손만의 동작이므로 허리와 손동작의 관계를 보다 정확하게 파악할 수 있다.

- **스위치를 계속하면 하반신이 가라앉는다** → 입수 후에 뻗은 손의 위치가 수면에서 가까워져 머리가 올라갈 가능성이 있다. 수면 아래 30cm까지 한 번에 입수시키고 손바닥은 아래를 향하도록 해서 자세를 안정시킨다. 허리가 뜨는 것이 느껴질 때까지 손을 물속의 깊은 위치에 멈춰 두도록 하는 것이 중요하다.

 ## 캐치업 스위치

여기서는 스위치 포인트에서 정지하지 말고 그 상태로 계속해서 온몸의 동작을 부드럽게 연결한다. 또한 입수 전의 손을 가속해서 입수시킴으로써 물속에서의 손동작(젓기)을 보다 파워풀하게 만든다.

드릴 5의 스텝

1 스트림 라인 포지션에서 천천히 손을 들어 올린다.

2 스위치 포인트에 도달하면 물 위에 있는 손을 재빨리 움직여 스위치한다.

3 반대쪽 손이 물 위로 나오면 다시 천천히 스위치 포인트까지 옮기고, 그다음 동작으로 재빨리 움직여 스위치한다.

드릴 5의 포컬 포인트

- 물 위에 있는 손은 허리의 옆쪽에서 스위치 포인트까지 천천히 움직이고, 스위치 포인트에 도달하면 수면 아래 30cm까지 한 번에 입수시킨다.

- 양쪽 손이 어깨를 동시에 통과하도록 좌우의 손을 움직이는 타이밍을 조정한다.

- 양손이 부드럽게 움직일 수 있을 때까지 스위치 타이밍에 집중해서 연습한다. 그 다음에 각각의 손동작(①물을 자르듯이 입수한다, ②물을 뒤로 민다, ③팔씨름을 한다, ④물을 던진다, ⑤목표를 정한다)을 나눠서 하나씩 집중해 연습한다.

드릴 5의 트러블 슈팅

- **좌우 타이밍이 다르다** → 물속의 손이 그리는 궤도가 좌우측 다르거나, 오른손잡이냐 왼손잡이냐에 따라 손의 힘이 다르기 때문이다. 물을 밀 때의 팔꿈치 위치나 손바닥의 방향을 바꿔서 타이밍이 느린 쪽의 물속의 손이 그리는 궤도를 짧게 한다.

| 드릴 6 | 트리플 스위치 |

'스위치' 드릴에서 배영으로 변화시키는 마지막 드릴이다.

드릴 6의 스텝

1 캐치업 스위치를 3번 실시한다. 들어 올린 손은 스위치 포인트까지 천천히 옮기고, 그 후에 가속해서 스위치한다.

2 3회 스위치를 했다면 스트림 라인 포지션으로 일단 쉬고, 균형이 잘 잡혔는지 확인한다. 다시 캐치업 스위치를 3회 실시하고 스트림 라인 포지션으로 휴식을 취한다.

3 부드러운 스위치, 균형이 잘 잡힌 자세를 지속할 수 있게 되면 스위치 포인트에서 들어 올린 손의 속도를 바꾸지 말고 모든 동작을 연결시킨 배영으로 수영한다. 들어 올린 손이 스위치 포인트에 도달할 때까지 물속의 손은 뻗은 채로 두는 것은 지금까지와 동일하다.

드릴 6의 포컬 포인트

- 허리 동작과 물속의 손동작, 허리 동작과 물 위의 손동작처럼 허리 동작을 중심으로 좌우 손동작이 연동되는지 확인하자.

- 모든 동작을 연결시킨 배영으로 헤엄치려고 하면 뻗은 손을 서둘러 저으려고 하기 쉽다. 뻗은 손이 빠르게 움직이는 경우는 캐치업 스위치 또는 피니시업 스위치의 드릴로 돌아가 뻗은 손을 움직이는 타이밍을 재확인한다.

테리 래플린의 TI 칼럼

물은 벽이다

내가 수중 창문에서 관찰한 대로, 인간은 벽을 차고 나가는 짧은 순간에는 물고기와 비슷하지만 스트로크가 시작되자마자 물속에서 움직이기에 적합하지 않은 자세가 되어버린다. 수영 속도가 빠른 사람일수록 스트로크가 길고 매끄럽다. 항력의 세 가지 형태를 알면 최소한으로 줄이는 데 도움이 된다. 그중 두 가지는 기술 변화로 최소화할 수 있으며 한 가지는 특수 소재 수영복을 입으면 도움이 된다.

1. 형태 항력(form drag)
몸의 모양에 따라 생긴다. 수영할 때 앞에 있는 물을 뒤로 밀면 압력이 높은 부분이 생긴다. 그리고 당신의 몸을 효율적으로 흡수해주는 곳, 즉 압력이 낮은 부분은 뒤로 밀려난다. 그래서 수영 선수들은 훈련할 때 사이클 선수나 자동차 경주 대회에 출전하는 선수들과 마찬가지로 압력을 덜 받기 위해 다른 선수의 바로 뒤에서 가려고 한다. 형태 항력은 속도의 제곱에 따라 커진다. 따라서 두 배 빨리 가려면 형태 항력은 네 배가 된다.

   형태 항력은 몸의 크기와 모양에 좌우되므로 물에서 가장 작은 '구멍'을 통해 미끄러지듯 나아가야만 최소화된다. 벽을 차고 나갈 때처럼 완벽하게 유선형 자세일 때 팔, 다리, 머리를 어떻게 움직이든 형태 항력이 커진다. 따라서 한 시간 동안 길고 매끄럽게 스트로크 하며 호흡하는 데 온 힘을 쏟으며 연습하는 것이 100시간 동안 분별없는 훈련을 하는 것보다 훨씬 낫다.

   배영과 자유형에서는 몸이 일직선이고 한쪽 어깨가 수면에 닿지 않은 채로 회전할 때가 형태 항력이 가장 낮다. 따라서 스트로크 할 때마다 이 자세를 좀 더 오래 유지하려고 한다.

   평영과 접영에서 형태 항력은 수면 바로 아래에서 보디라인을 쭉 뻗었을 때 가장 낮다. 평영에서는 한 번의 스트로크를 할 때마다 3분의 2 구간 동안 이 자세를 유지한다. 그리고 접영에서는 스트로크 사이에 잠깐 유지한다.

2. 물결 항력(wave drag)
물의 항력 때문에 엄청난 에너지를 소모한다. 물결이 클수록 에너지가 많이 들어간다. 속도가 두 배 높아지면, 여덟 배 많은 에너지가 물결을 만드는 데 쓰인다. 물고기가 — 인간이 물속에서 유선형 자세로 수영할 때도 — 빠르게 헤엄칠 수 있는 것은 물속에서 물결 항력을 만들지 않기 때문이다. 이런 이유로 최고의 선수들은 턴을 한 후 규정으로 제한되는 15미터까지 최대한 길게 물속에 머물러 있으려고 한다. 단거리 수영 선수들이 부분적으로 물속에서 수영하는 평영과 접영에 유리한 이유도 이것이다. 앞으로 알게 되겠지만, 키 큰 선수들이 접영과 자유형 종목을 석권하는 것은 큰 신장(또는 스트로크 길이를 길게 만들어 '키 크게' 수영하는 기술)이 수면의 물결 항력을 줄여주기 때문이다.

　어쨌든 수영하는 동안에는 대부분 수면에 머무르므로 물결 항력을 줄이는 것이 매우 중요하다.

　(1) 한 번의 스트로크를 하는 동안 보디라인을 길게 유지한다. 물에 뜬 '선체'는 폭과 흘수(draft. 수중에 뜬 물체가 수면에 닿는 위치에서 그 물체의 가장 깊은 점까지의 수심-역주)에 비해 길이가 길수록 물결 항력이 약해진다.

　(2) 부드럽게 스트로크 한다. 스트로크가 짧고 빠를수록 물결이 커진다. 반대로 스트로크가 길고 서두르지 않을수록 난류와 저항이 줄어든다.

3. 표면 항력(surface drag)
물과 피부 사이의 마찰이다. 이것을 개선해주는 수영 기술은 없지만, 제대로 된 수영복을 입으면 도움이 된다. 일반적으로 라이크라나 폴리에스테르로 만든 딱 맞는 수영복이 가장 좋다. 2000년 이후로 표면 항력을 줄여주는 특수 원단으로 만든 첨단 수영복이 대회 표준으로 자리 잡았다. 이 원단은 피부보다 매끄러워서 목에서부터 발목까지 덮는 디자인의 수영복을 입는 선수가 많다.

허우적대는 접영에서
우아한 접영으로 변신하자

접영은 다른 3가지 영법에 비해 에너지 소모가 많아서 '빨리 지치는 영법'으로 알려져 있다. 하지만 이는 '허우적대는 접영'을 구사하는 많은 사람들의 착각에 지나지 않는다.

긴장을 풀고 효율적인 접영을 구사하면 외관상 가장 우아하게 수영할 수 있는, 만족도가 매우 높은 영법이다. 사실 나도 40년 동안이나 열심히 허우적댄 끝에 겨우 익힐 수 있었다.

'접영으로 수영한 적이 없다', '고등학교를 졸업한 이후 수영을 해본 적이 없다', '수영하기에는 이제 나이가 많다'며 포기하고 있는 사람이 있다면 반드시 기억해주길 바란다. 55세가 되어서야 접영을 마스터한 나의 경험과, 60~70대의 어른들도 몇 시간 연습하고 수영할 수 있게 된 것을 지켜봐온 나의 목격담을 말이다.

접영을 마스터한다는 것은 '스트림 라인의 자세를 익힌다, 물을 끌어안는다, 동체의 힘을 이용해서 움직인다, 물과 리듬에 대한 감각을 갈고 닦는다' 등 어느 영법에서나 중요시하는 이런 기술에 대한 의식을 높이는 것과 같다. 그렇기 때문에 효율적인 접영 방법을 배우고 익힌 사람은 다른 3가지 영법도 잘하게 된다.

접영의
개선 포인트

접영의 문제점

- **첫 단계의 킥** → 상반신을 높게 들기 때문에 킥을 깊게, 강하게 해야 한다는 의식이 작용해 수면 위까지 발을 올리고 나서 내려친다. 그래서 '퍽' 하는 소리를 내며 물보라가 높게 일게 된다.

- **호흡** → 가능한 한 숨을 많이 마시려고 수면에서 턱이 떨어질 만큼 머리를 높이 치켜든다. 또한 착수(입수가 물속에 들어간다는 동작에 초점을 맞춘 용어라면, 착수는 물과 닿는 상태에 초점을 맞추어 사용한다.-역자) 후에는 머리를 물속에 넣은 탓에 앞이 보이지 않으므로 불안해지기 쉽고, 시야가 앞을 향하기 때문에 머리가 올라가고, 그 결과 허리와 발이 점점 가라앉는다.

- **수면 위에서 손을 되돌리는 동작** → 처음에는 좋지만 3스트로크, 4스트로크를 하는 동안 손동작과 몸의 착수 타이밍이 맞지 않게 되고, 어깨가 수면 위로 나와 있는 동안 손이 착수하지 않게 되어 손으로 수면 위를 끌게 된다.

- **착수(着水)** → 앞을 보고 있던 상태에서 턱을 당겨 머리를 물속에 처박듯이 착수하기 때문에 몸 전체가 물속 깊이 들어가고 만다. 돌고래처럼 몸의 유연한 웨이브를 만들기 위해서 상반신을 잠수시키려고 착수 후의 손도 물속 깊이 넣으려고 한다.

- **두 번째 킥** → 어느 시점에서 킥을 하면 추진력으로 이어지는지를 생각하고 킥을 하지 않거나, 손발과 상관없이 추진력을 만들려고 해서 타이밍이 제각각이 된다.

- **젓기 시작하는 단계** → 손의 입수 단계에서 깊게 잠수한 몸을 급속도로 부상시켜

야 하기 때문에 손을 뒤쪽이 아니라 아래쪽 방향으로 밀고 만다. 손을 쭉 뻗은 채로 젓기 시작하는 동작을 취하기 때문에 궤도가 길어지고 손이 물속에 있는 시간이 길어진다.

따라서 다음과 같은 포인트를 의식해서 앞에서 열거한 문제점을 개선해 나가도록 한다. 접영에 대한 개념을 바꾸는 것만으로도 '이렇게 간단하게 접영을 할 수 있다니!'라며 깜짝 놀라게 될 것이다.

접영의 개선 포인트 1

'몸을 뻗어서' 수영한다

접영은 수면 바로 아래에서 몸을 곧게 편 스트림 라인 자세가 가장 물의 저항이 적은 상태다(사진 참고).

그래서 각 스트로크에서는 스트림 라인 자세를 유지하는 시간을 늘리도록 한다. 손은 전방으로 가능한 한 길게 뻗고, 손을 젓기 시작했다면 되도록 재빠르게 스트림 라인 자세로 되돌아오도록 한다.

접영의 개선 포인트 2

스트림 라인

착수할 때는 물속의 작은 구멍을 뚫고 지나가듯이 해서 손가락 끝에서 발가락 끝까지 곧게 편 스트림 라인 자세를 취한다.

　가슴이 다 가라앉을 때까지 발을 길게 뻗도록 의식하고, 그 다음의 스트로크를 시작하기 위해서 가볍게 무릎을 '구부리도록(가능한 한 작은 각도로 구부린다)' 한다. 그리고 드릴 연습일 때든, 평소 수영할 때든 발로 첨벙첨벙 소리를 내거나 물이 튀지 않도록, '조용한 킥'을 하도록 노력한다.

접영의 개선 포인트 3

그 자리에 머문다

물속에서의 손동작은 물을 후방으로 미는 것이 아니라, 손을 '지레'로 활용해서 몸 전체가 물속에서 부드럽게 미끄러지도록 하는 것이다.

　손 근육은 '그 자리에 머무는 데만 사용'하고, 몸 전체를 전진시키기 위해서는 힘이 센 동체의 근육을 사용하도록 한다.

접영의 개선 포인트 4

전방을 향해서 수영한다

앞으로 손, 머리, 가슴 그리고 허리를 움직이는 방향에 대해서 설명할 때 '전방'이라는 단어를 자주 사용할 것이다. 항상 힘을 전방으로 옮긴다고 의식하고, 착수할 때는 물을 조용하게 가르고, 그다음 스트림 라인 자세로 추진력을 유지하도록 한다.

접영의 킥을 개선한다

접영의 킥은 '돌핀 킥'이라고 부른다. 그런데 실제로 돌고래는 킥을 하지 않는다. 돌고래는 몸을 부드럽고 유연하게 움직인다. 이와 마찬가지로 우리도 몸을 부드럽고 유연하게 움직여서 굴곡지게(웨이브) 만들어야 한다.

우선 가슴이 물속에 가라앉고 발이 수면보다 아래에 있는 자세에서는 몸의 웨이브를 펴기 위해서 양발을 스트림 라인으로 유지하는 것을 의식한다. 무릎을 굽히고 발을 차면 자세가 균형을 잃고 물의 저항이 커져 추진력이 줄어들므로 주의한다.

그 다음에 가슴이 물속에 잠겨 있을 때 넓적다리의 위치를 높이 유지하는 것을 의식하고 발뒤꿈치가 수면에 도달하는 것을 기다린다. 양손이 착수할 때에 몸을 전방으로 내보내기 위해서 발을 스냅시킨다. 편안하게 수영할 때의 접영에서는 이 스냅이 킥이 된다.

속도를 중시 여기는 접영의 경우는 강한 킥을 2회 한다. 가벼우면서 작은 첫 번째 킥은 착수 시에 한다. 이 킥은 손을 전방으로 내보내고 몸을 스트림 라인 자세로 뻗고, 그리고 가슴을 내려 누르기 위해서 실시한다.

손이 물 위로 나오기 직전에 끝내는 두 번째 킥은 좀 더 움직임이 빠르고 힘차며, 넓적다리를 사용하는 킥이다. 동체의 강력한 힘에 의한 이 킥은 어깨와 상반신을 전방으로 세게 민다. 수영의 모든 동작에서 가장 파워풀한 움직임이다.

접영의 호흡을 개선한다

  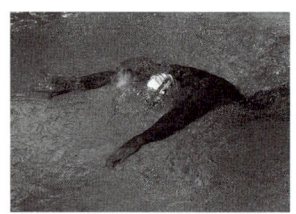

올바른 호흡을 익히도록 하자. 방법은 아래와 같다.

1 손으로 젓는 것이 아니라, 물을 밀듯이 해서 편안하게 호흡할 수 있도록 한다.

2 수면 위에서 손을 돌리는 동작에서는 물을 끌어안듯이 하고, 착수 후에 가슴을 물속에 가라앉힌다. 허리가 항상 올라가 있으므로 자세를 유지하면서 스트로크마다 호흡할 수 있다.

 '편안한 접영'은 호흡을 넣는 것이 동작을 부드럽게 만들고, 산소를 충분히 들이마셔서 근육도 쉽게 지치지 않으므로 스트로크마다 호흡을 넣는 것을 추천한다. 단, 새로운 드릴을 연습할 때는 새로운 동작에 집중하기 위해서 호흡 횟수를 줄이도록 한다.

접영의 완성형

접영의 완성형을 보고, 앞으로 어떤 연습을 하게 될지 생각해보자.

1 착수한다

전방으로 부드럽게 착수한다. 머리는 손보다 먼저 착수하는데, 얼굴을 아래로 향하게 한 상태로 고정하고, 착수할 때 턱을 당기지 않도록 한다. 몸이 편안하게 물속으로 가라앉을 정도의 폭으로 양손을 벌려 전완부를 수면 가까이에 착수시킨다.

2 가라앉힌다

여기서는 서두르지 않고 기다리며 다음 동작을 위한 힘을 축적한다.

또한 몸을 가라앉힘으로써 각 스트로크에서 좀 더 오랫동안 스트림 라인 자세를 유지할 수 있다. 전완을 수면 가까이에 머무르게 하면서 허리를 띄우고 가슴보다 허리가 높은 위치에 도달할 때까지 가슴이 가라앉기를 기다린다.

그런 다음에 등 근육을 사용하기 위해서 날개처럼 손과 팔꿈치를 살짝 바깥으로 향하게 한다.

3 지탱한다

가슴이 가라앉고 허리가 수면까지 올라옴으로써 손과 전완에 수압이 작용해 견인력을 이끌어낸다. 다리를 수면 가까이에서 일직선으로 뻗으면서 킥을 일순간 멈춤으로써 동체에 힘이 축적되는 것을 느껴보자. 그다음에는 그 자리에서 몸을 지탱하듯이 부드럽게 손으로 물을 젓는다.

4 미끄러진다

수면에 가까운 위치에서 스트림 라인 자세를 유지하면 무릎을 살짝 굽혀서 활처럼 휘게 만들고 손과 동체를 사용하여 가슴을 손보다도 더 앞쪽으로 미끄러뜨린다.

　손은 그 자리에 머무르기 위해서 안쪽으로 젓고, 곧바로 물을 자르듯이 수면으로 내놓는다.

5 끌어안는다

수면에 턱이 닿도록 하고, 그 상태로 머리와 어깨를 전방으로 옮긴다.

머리가 물속으로 되돌아오는 것이 늦어질 수 있으므로 물 위로 얼굴이 나왔을 때 눈의 초점을 어느 한곳에 딱히 맞추지 않아도 된다. 손은 허리에서 떨어진 위치에서 '당수치기'(손날로 치기)를 하듯이 재빨리 물 위로 내놓고, 전방으로 날듯이 옮긴다. 착수할 때는 긴장을 푼 손으로 수면을 끌어안듯이 한다.

접영의 드릴

드릴 1 바디 돌핀

여기서는 몸을 곧게 편 스트림 라인 자세와, 접영에서 하는 동체 움직임의 기본을 배운다.

드릴 1의 스텝

1 손을 뻗어 균형을 잡은 상태로 엎드려 뜬다. 손은 어깨너비에 주먹 1개 정도를 더한 넓이만큼 바깥으로 벌린다. 어깨에서 손끝까지 힘을 쭉 뺀다.

2 처음에는 천천히 리듬을 타면서 견갑골을 전방으로 내밀면서 손을 뻗거나 원위치로 되돌리거나 한다.

3 그다음에는 손을 뻗었을 때 가슴으로 물을 민다. 가슴을 밀 때 몸을 길게 뻗어 옆구리 아래가 벌어지는 것을 의식한다.

4 발에는 별로 힘을 주지 않고 가볍게 모으고, 돌고래처럼 상반신이 만든 몸의 웨이브를 발가락 끝까지 느끼도록 한다. 밀었던 가슴에서 힘을 뺄 때 무릎을 가볍게 살짝 굽히고, 가슴을 밀 때 발가락 끝을 스냅시킨다.

5 머리나 목은 항상 긴장을 푼다. 턱과 목의 각도는 가슴을 밀 때(다리를 스냅할 때) 조금 넓히고, 되돌아올 때(무릎을 살짝 구부릴 때) 좁힌다.

드릴 1의 포컬 포인트

- 3회에서 5회로 짧게 실시하자. 돌고래처럼 몸을 유연하고 부드럽게 만들어 콤팩트하고 리드미컬한 웨이브를 느껴보자.

- 가슴을 밀 때마다 손은 항상 '가볍게' 전방으로 움직인다.

- 머리 움직임은 최소한으로 한다. 가슴을 밀 때 후두부는 수면에 닿을락 말락 해야 한다.

- 발은 항상 물속에 머물도록 해서 '살짝 구부린다—스냅', '살짝 구부린다—스냅'을 리드미컬하게 실시하도록 한다.

드릴 1의 트러블 슈팅

- **앞으로 나아가지 않는다** → 발목이나 등이 딱딱해서 앞으로 나가지 않는 경우는 짧은 오리발을 사용한다. 발목이 유연하게 움직이지 않는 경우에도 짧은 오리발을 사용하면 발목을 부드럽게 움직일 수 있다. 또한 이뿐만 아니라 상반신이 만든 부드러운 웨이브에 맞춰 발을 뻗을 수 있다. 여기서 오리발을 사용하는 목적은 속도를 높이는 것이 아니다. 긴장을 풀고 드릴을 연습하는 것을 목적으로 한다.

- **허리나 다리가 가라앉는다** → 수직으로 수영장 바닥을 보면서 후두부가 완전히 물에 잠길 때까지 가슴으로 물을 민다. 단순히 머리만 물속으로 내리려고 하면 '턱을 당긴 상태'가 되어 중심이 이동하지 않는다.

드릴 2 호흡 넣기

턱이 수면에 닿은 상태에서 하는 호흡을 연습하는데, 우선 물속에 선 상태에서 해본다. 그런 다음에 바디 돌핀에 이 호흡을 넣는다.

드릴 2의 스텝

1 수영장의 수심이 낮은 곳에서 양손을 무릎 위에 둔 상태로 몸을 웅크리고 선다.

2 시선은 약 1m 전방을 향하고 턱이 수면에 닿도록 한다. 이때 머리 위치가 호흡할 때의 머리 위치가 된다.

3 상체(상반신)를 물속에 가라앉히면서 머리를 전부 물속에 넣는다. 머리를 물속에 넣을 때 코로 숨을 뱉는다. 고개를 끄덕이듯이 목을 지렛대로 사용해서 머리를 상하로 움직이는 것이 아니라, 등을 이용해 상체를 상하로 움직임으로써 호흡할 때 머리가 올라가고 허리가 내려가는 것을 막는다. 이런 방법으로 선 상태에서의 연습을 끝낸다.

4 드릴 1의 '바디 돌핀'을 다시 시작한다. 턱을 수면에 댄 채로 호흡할 수 있도록 연습한다.

5 처음에는 3~5회의 바디 돌핀 사이클에 1회 호흡을 넣는다. 이후 차례로 호흡 빈도를 늘리고 긴장을 푼 상태에서 매회 호흡할 수 있도록 연습한다.

드릴 2의 포컬 포인트

- 얼굴의 방향이 중요하다. 얼굴은 수면과 가능한 한 평행하게 한다.

- 목으로 머리를 들어 올리는 것이 아니라, 등을 이용해서 상체를 일으키는 동작을 의식한다.

- 얼굴이 수면으로 나오면 굳이 눈의 초점을 어딘가에 맞추지 않아도 된다. 어딘가를 보게 되면 머리를 더 많이 들어 올리게 되거나 머리가 물속으로 들어가는 타이밍이 늦어질 수 있기 때문이다.

드릴 2의 트러블 슈팅

- **머리가 올라가지 않아 호흡이 불가능하다** → 물속에 머리를 넣었을 때, 가슴으로 물을 밀었을 때의 반동으로 등을 들어 올린다. 이때 가슴으로 물을 미는 동작이 충분하지 않으면 머리가 올라가지 않는다. 가슴으로 물을 밀 때 뻗은 손의 각도를 넓히고 이와 동시에 손바닥을 바깥으로 향하도록 하면 반동을 쉽게 얻을 수 있다.

 ## 워터 엔젤

긴장을 푼 손으로 수면을 끌어안듯이 움직이는 연습이다. 입수의 위치, 손을 수면으로 내놓는 위치를 익히도록 하자.

드릴 3의 스텝

1 손발을 뻗고 엎드려 뜬다. 여기에서는 손동작만 연습하므로 다리가 가라앉아도 상관없다. 만일 신경이 쓰인다면 가볍게 킥을 하거나, 풀 부이(Pull buoy)로 다리를 지탱한다.

2 진행 방향을 시계의 12시 방향으로 정했을 때 좌우의 손을 10시와 2시 위치(어깨의 연장선에서 주먹 2개 넓이만큼 바깥쪽)에서 8시와 4시 위치(몸의 양쪽 옆구리에서 넓적다리의 폭만큼 바깥쪽)로 움직이는데, 손을 수면 위에 띄우면서 원호를 그리듯이 움직인다.

3 몸의 바깥쪽으로 가능한 한 크게 원호를 그린다. 몸이 전방 혹은 후방으로 움직이지 않도록 천천히 한다.

드릴 3의 포컬 포인트

- 손이 지금 어디를 지나고 있는지, 시작과 끝의 위치가 어디쯤이 되는지를 감각적으로 이해한다.

- 손의 근육을 긴장시키면 물속에서 손을 원위치로 되돌릴 때 저항을 받는다. 손을 움직이기 위한 최소한의 근육을 사용하는 것 이외에는 힘을 다 빼도록 하자.

드릴 4   파도타기 드릴

여기서는 손이 아니라 동체의 힘을 사용해서 '앵커로 고정한 손'(한곳에 고정한 손)을 향해 몸을 미끄러뜨리고, 긴장을 푼 상태에서 손을 돌릴 때까지의 동작을 배운다.

드릴 4의 스텝

1 바디 돌핀으로 시작하고 가슴을 밀 때 손바닥을 바깥쪽으로 해서 손을 벌린다.

2 팔꿈치를 가볍게 굽히고 팔꿈치를 고정한 상태로 손바닥으로 물을 민다. 이 동작을 '앵커 고정'이라고 부른다.

3 앵커로 고정한 손의 위로 넘듯이 재빨리 몸을 전방으로 내보낸다. '파도타기 감각'을 익힌다. 처음에는 전방으로 내보낼 때의 자세로(양손이 몸의 옆구리에 있는 상태) 선다. 익숙해질 때까지 **1~3**을 반복하자.

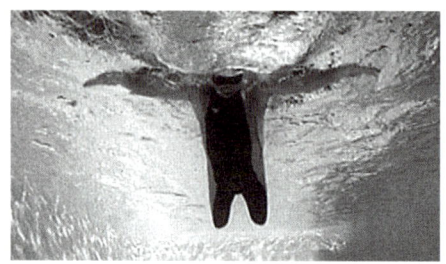

4 익숙해졌다면 몸을 미끄러뜨린 후에 가슴으로 물을 밀고, 다음 웨이브를 만든다.

5 폐에 있는 공기로 상체가 떠오르면 이와 동시에 손을 돌리는 동작을 더한다. 손 동작은 드릴 3의 '워터 엔젤'과 동일하지만, 손은 수면의 바로 아래에서 움직인다. 또한 엄지손가락부터 움직이도록 해서 가능한 한 옆으로 벌린다.

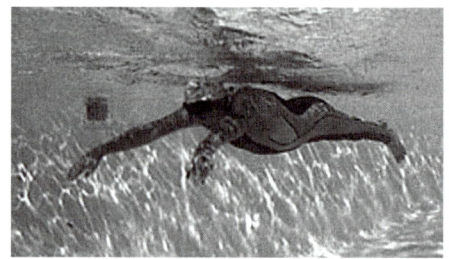

6 바디 돌핀의 손 위치까지 되돌아오면 가슴으로 물을 밀어 다음 웨이브를 만들고, 다시 **1**부터 반복한다.

7 동작과 동작 사이에 '다음에 무엇을 할지' 생각할 시간이 필요할 때는 파도를 타는 동작과 손을 돌리는 동작 사이에 웨이브(pulse)를 몇 번 더해준다.

드릴 4의 포컬 포인트

- 우선 스텝 **1**에서 **3**까지의 사이클부터 시작하고 전체 동작이 조화를 이루게 되면 **4**―**5**―**6**의 순서로 동작을 넣는다.

- 일련의 사이클이 완성되면 바디 돌핀의 요령(얼굴은 아래를 향하고, 턱이 수면에 닿은 상태)으로 호흡을 더한다. 전방으로 슬라이드하면서 호흡을 넣는다(사진을 참고한다). 다른 동작과 마찬가지로 호흡도 긴장을 풀고 천천히 조용하게 한다. 소리를 내는 것은 최소한으로 한다.

- 전진하기 위해서 손의 힘이 아니라, 전방으로 내보내는 동체의 힘을 사용한다고 의식하자.

드릴 4의 트러블 슈팅

- **양손을 허리의 옆쪽에서 멈추려고 해도 움직이고 만다** → 보통 접영에서는 손이 뒤로 오면 곧바로 돌린다. 이 버릇이 드릴에도 나타난 것 같다. 우선은 앞서 언급했던 스텝 **1~4**의 가슴으로 물을 미는 것까지 연습하자. **1~4**의 사이클에서 일단 멈추고, 다시 반복하도록 하자.

- **상체가 일어서고 만다** → '앵커 고정'의 동작을 취할 때 손바닥이 아래를 향하고 물을 아래로 밀고 있다. 호흡에 필요한 만큼의 높이만 확보하면 좋을 정도로 손바닥의 방향을 조정한다.

드릴 5 돌핀 다이브 플라이

여기서는 전방으로 착수한 후에 깨끗하게 입수하여 다음 스트로크를 위해서 발을 들어 올려 가슴을 가라앉히는 동작을 배운다.

드릴 5의 스텝

1 옆으로 손을 뻗고 선 자세에서 수면 가까이로 점프하면서 전방으로 잠수한다. 입수한 후에는 스트림 라인 자세를 취하고, 폐가 몸을 수면으로 들어 올릴 때까지 유지한다. 다시 선 상태에서 이 동작을 반복한다. '파도를 타고' 수면으로 되돌아온다는 감각이 느껴질 때까지 연습하자.

2 다음의 3가지 사항에서 가장 잘 잡힌 균형을 찾기 위해서 잠수하는 깊이를 바꿔본다.

(1) 얼마나 깨끗하게 입수할 수 있는가.
(2) 얼마나 전진할 수 있는가.
(3) 얼마나 부드럽게 허리가 수면에 도달하는가.

깨끗하게 입수해서 수면으로 부드럽게 되돌아올 수 있게 되면 다음 스텝으로 넘어간다.

3 전방으로 잠수해서 몸을 뻗었으면 1회 스트로크하고 입수 후에 다시 스트림 라인 자세로 뻗는다. 다시 서서 이를 반복한다. (1) 두 번째 입수가 첫 번째와 동일하게 잘되고, (2) 두 번째 스트림 라인의 속도가 첫 번째와 동일한 속도가 될 때까지 연습한다. 긴장을 푼 상태, 부드러운 움직임, 끊김 없이 다음 동작으로 이어나갈 수 있도록 열심히 연습한다. 마지막의 스트로크, 입수, 스트림 라인이 첫 번째와 동일한 감각으로 가능하다면 하나씩 다음 사이클을 더해 나간다.

드릴 5의 포컬 포인트

- 매회 '착수와 스트림 라인'이 첫 번째와 동일하도록 깨끗하고 부드럽게 만드는 것이 목표다.

- 점프해서 입수할 때마다 허리가 가장 높은 포인트에 올 때까지 스트림 라인 자세로 뻗어 있는다. 허리가 어깨 위치까지 올라가지 않으면 좀 더 깊이 다이빙한다. 허리가 수면으로 올라간 상태에서 더 앞으로 나가는 것을 목표로 연습한다.

- 매회 스트로크를 더할 때 마지막의 스트로크, 착수 그리고 스트림 라인이 그 사이클의 첫 번째와 동일하게 잘된다고 느낄 때까지 스트로크는 더하지 않는다.

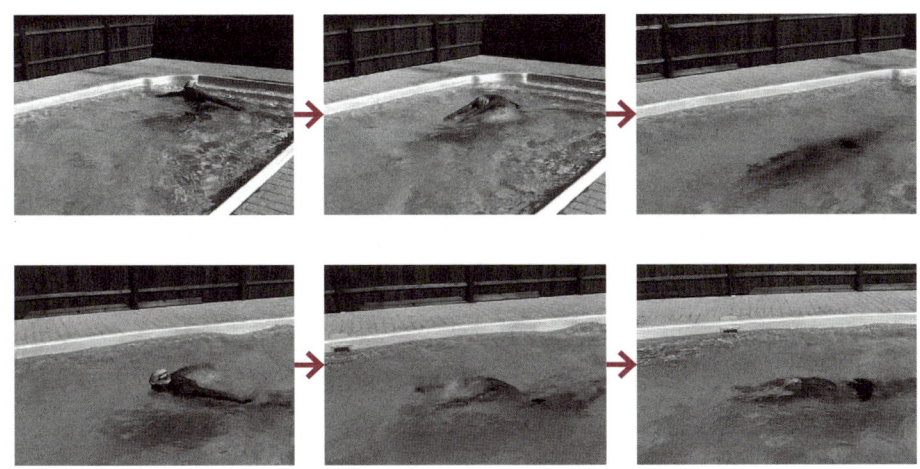

드릴 5의 트러블 슈팅

- **좀처럼 떠오르지 않는다** → 깊게 점프하는 것이 원인이다. 옆으로 벌린 손이 10시와 2시 위치에서 착수하도록 하고, 머리가 깊이 들어가지 않도록 시선 전방을 바라본 채로 물속에 들어가도록 의식한다.

- **두 번째 스트로크가 잘되지 않는다** → 무엇이 문제인지 발견해보자. 머리 위치, 얼굴 방향, 수면 위에서 돌리는 손이 수면 위로 나오는 위치와 입수하는 위치, 돌리는 손과 수면 사이의 거리 등을 조사해서 첫 번째와 비교하여 크게 다른 점이 있다면 고치도록 한다.

드릴 6 편안한 접영

돌핀 다이브로 시작해서 적어도 5회 접영 스트로크가 잘되면 접영 방법을 잘 익혔다고 할 수 있다. 앞으로는 스트로크를 더욱더 갈고닦도록 하자. 다음은 '편안한 접영'의 주요 포인트를 정리한 것이다.

1 양손 사이에 충분한 공간을 두고 착수한다.

2 물을 끌어안으면서 발은 곧게 편 스트림 라인 자세를 취한다.

3 손의 위치를 향해 머리를 슬라이드하고 가슴을 전진시킨다.

4 손을 빠르게 물 밖으로 내놓는다. 뒤로 젓지 않는다.

5 전방으로 착수하면 발가락 끝을 가볍게 친다.

6 물속의 작은 구멍을 뚫고 지나가듯이 해서 가슴을 가라앉힌다.

드릴 6의 스텝

1 돌핀 다이브 플라이로 시작해서 접영으로 수영한다.

2 편안하게 긴장을 풀 수 있는 범위 내에서 스트로크를 한다. 움직임이 무겁거나 거칠다고 느껴지면 바로 접영을 그만두고, 문제가 발생한 부분과 관련된 드릴로 되돌아간다.

3 드릴을 연습해서 부드럽게 되면 다시 돌핀 다이브 플라이로 시작해서 접영으로 수영한다. 1스트로크라도 '허우적대는 접영'이 되지 않도록 신중하게 스트로크를 더해 나가자.

드릴 6의 포컬 포인트

- 편안한 접영에서는 가슴이 가라앉을 때까지, 또한 다음 스트로크를 시작하기 전에 각각 충분히 시간을 들인다.

- 손이 곧게 펴질 때까지 1, 2회 더 바디 돌핀으로 전진해도 상관없다. 수영 대회에서도 이는 반칙이 아니다. 즉 대회에서 스트로크를 1회만 하고 그 다음에 바디 돌핀을 많이 해서 25m를 수영할 수도 있다. 하지만 바디 돌핀만 많이 하는 것보다는 허리가 다 올라올 때까지 기다렸다가 다음 스트로크로 들어가는 것이 훨씬 더 빠르고 리드미컬하게 수영할 수 있다.

- '무릎을 살짝 구부린다―발목을 스냅한다'의 동작으로 대퇴부는 항상 수면 가까이에 머물도록 집중해서 킥을 한다.
  그리고 스트로크를 할 때는 발이 항상 물속에 머무르도록 한다. 하반신보다 상반신을 유연하게 움직여 몸을 굴곡지게(웨이브) 만든다.

 스피드 접영

더욱 빠르고 힘차게 리드미컬한 2번 킥의 스피드 접영으로 수영한다.

드릴 7의 스텝

1 스피드 접영에서는 가능한 한 몸보다 전방의 물을 잡으려고 의식하고, 편안한 접영을 구사할 때보다 더 빨리 '앵커 고정'의 동작을 취한다.

2 흉부가 손을 넘으면 곧바로 물속에서 손을 빼서 벌리고 전방으로 옮긴다. 더욱 힘차고 빠르게 수영하기 위해서는 손을 젓는 동작이나 킥을 열심히 하는 것보다 동체를 더 파워풀하고 민첩하게 움직이는 것이 중요하다.

3 착수 후에 더욱 힘차게 가슴을 아래로 밀면 허리와 발뒤꿈치가 그만큼 빠르게 수면에 도달해, 그 결과 스트로크를 더 빨리 시작할 수 있다.

드릴 7의 포컬 포인트

- 스피드 접영의 킥은 편안한 접영처럼 가슴이 가라앉을 때까지 기다렸다가 실시하는 것이 아니라, 일정한 리듬을 유지하도록 한다. 킥에 힘을 넣기는 하지만, 그래도 대부분 동체의 힘을 이용한다는 감각을 확인하자.

- 발가락 끝을 가볍게 치는 대신에 발가락 끝을 스냅시키는데, 그 힘도 몸의 중심에서 나온다.

테리 래플린의 TI 칼럼

기다리는 손과 참을성 있는 캐치

기다리는 손

나는 오랫동안 선수들을 지켜본 결과, 100~1,500미터 자유형에서 뛰어난 실력을 보이는 이들은 스트로크 할 때 놀라울 만큼 느리게 캐치(물 잡기)한다는 사실을 알아차렸다. 마치 다음 스트로크를 시작하기 전까지 시간이 엄청나게 많은 것처럼 말이다. 캐치가 빠를수록 속도가 느리고, 캐치가 느릴수록 속도가 빨라졌다. 예선에서는 스톱워치를 볼 필요도 없이 느린 캐치만 보고도 결선 진출자를 예측할 수 있었다. 나는 이 기술을 '기다리는 손'이라고 부르기로 했다.

코치들은 뛰어난 수영 선수의 특징인 '물의 감각'이 있는 이들을 가리켜 '느린 손'이라고 표현한다. 나는 오랫동안 물의 감각이 자신의 키보다 커진 느낌이라고 생각했다. 40년 넘게 의식적으로 물의 감각을 느끼려고 애쓰다 보니 천천히, 하지만 분명하게 감이 왔다. 누구나 의식적으로 노력하면 익힐 수 있는 기술이라고 확신한다. 몇 시간 동안 집중해도 알까 말까 하고, 경기에 활용할 수 있으려면 몇 년이 걸린다. 하지만 이 기술을 익히려고 노력하는 것만으로도 당신에게는 엄청난 변화가 찾아올 것이다.

참을성 있는 캐치

당신의 목표는 스트로크 하기 전에 물이 손과 팔뚝에 보내는 압력을 느끼는 것이다. 처음에는 무엇을 느껴야 하는지 모르고, 몇 주 동안 아무것도 느껴지지 않을 수 있다. 그러다 갑자기 스트로크의 감각이 변한다. 내 경우, 순간적으로 물이 유난히 '빡빡하게' 느껴졌다. TI 코치 밥 위스케라는 '달빛을 잡는 느낌'이라고 했다. 나는 스트로크 하기 전 물의 느낌에 대해 '푸딩을 퍼내는 느낌'이라고 표현했고, 코치인 세실 콜윈은 물을 '가두고 감싸는' 느낌이라고 말했다. 다음은 물의 감각을 좀 더 빨리 익히는 방법이다.

1. **균형** 창조하는 기술보다 제거하는 기술을 먼저 익혀야 하는 또 다른 이유다. 균형을 잡지 못하면 물의 감각을 느끼려고 손을 마구 젓게 된다.
2. **주먹장갑** '기다리는 손'을 연습하기에 가장 효율적인 도구다. 주먹장갑은 힘을 없애준다. 나는 주먹장갑을 처음 착용했을 때 마치 국수 가닥으로 물을 당기는 느낌을 받았다. 그러다 점차 미약하게나마 물을 잡고 있을 수 있었다. 주먹장갑을 벗자 마치 팔이 이식된 것처럼 전혀 새로운 감각이 느껴졌다. '물이 이런 느낌이구나' 하는 생각이 들었다. 주먹장갑이 없어도 손을 주먹 쥐고 집게손가락을 편 상태로 연습하면 된다. 손을 너무 세게 또는 억지로 당기면 집게손가락이 물속으로 돌진하는 느낌이 들 것이다. 하지만 참을성 있게 하면 손가락 하나만으로도 물을 잡고 있는 느낌이 난다.
3. **힘 빼기** 손이 긴장해 있으면 수압의 미세한 변수를 느낄 수 없다. 손이 '뻣뻣'하지 않고 부드러운 상태여야 물을 잡은 감각이 잘 느껴진다. 손에서 부드럽게 힘을 빼면(손가락 사이가 약간 벌어져도 괜찮다) 물의 압력이 잘 느껴질 것이다. 손의 편안한 느낌이 팔과 목, 어깨에도 전달된다.
4. **잠깐 멈춤** 물을 당기는 습관은 쉽게 고치기 어렵다. 처음부터 고치려 하지 말고 손을 완전히 뻗은 후, 아주 잠깐 동안이라도 가만히 두는 연습을 한다. 그다음 손과 팔뚝을 부드럽게 눌러 물의 압력이 손에 돌아오는 것을 느낀다. 이렇게 하면 손이 제자리에 붙박게 되므로 몸이 미끄러지듯 나아간다. 어느 순간 습관처럼 다시 손을 뒤로 밀 수도 있지만, 물을 잡고 있는 느낌을 계속 느끼도록 노력한다.
5. **천천히** 위에서 설명한 방법대로 천천히 연습한다. 드릴과 수영에서 시도해본다. 물을 움켜쥔 감각을 느끼고 몇 시간 동안 피부와 뼈, 머릿속 구석구석에서도 그 느낌을 느껴본다. 그런 다음 약간 빠르게 풀을 한 번 수영하며 그 감각이 얼마나 없어지는지 확인한다. 계속 스트로크를 잠깐 멈출 수 있는가? 손이 여전히 편안하게 이완된 상태인가? 물이 계속 빽빽하게 느껴지는가? 다시 '당기기'를 하지 않고도 지금 속도를 유지할 수 있는가? 지금 속도로 편안하게 갈 수 있다면 굳이 속도를 올리려고 하지 않는다.

STEP 3

실전 :
더 아름답게, 더 빠르게 수영하자

더 많이 '의식'함으로써
수영법을 연마한다

우리는 드릴 연습을 통해서 인간의 본능적인 수영법인 '허우적대는 버릇'을 없애고 하나씩 하나씩 단계를 밟는 올바른 수영 방법에 대해 배웠다.

이번에는 더 아름답게, 그리고 더 빠르게 수영하는 방법에 대해 설명하도록 하겠다. 이를 통해서 당신의 수영 실력을 더욱더 갈고닦아보자!

아름답게 수영하기 위해서 '포컬 포인트'를 정하고 수영한다

아름답게 수영하기 위해서 해야 할 일은 바로 '포컬 포인트'(주의 사항)를 정하고 연습하는 것이다.

지금까지 나는 반복 연습의 중요성과 연습의 양보다 질이 중요하다고 강조해왔다. 즉, 무턱대고 몇 시간씩 연습하는 것보다 단 1분이라도 집중해서 연습하고, 그 자리에서 '잘되고 있는지'를 확인하는 것이 올바른 수영법을 더 빠르게 익히는 비결이다. 앞으로 각 영법의 '포컬 포인트'에 대해 소개하도록 하겠다.

아름답게 수영한다는 것은 불필요한 움직임 없이 헤엄친다는 뜻이다. 물속에서 불필요한 움직임이 없으면 당연히 편안하게 수영할 수 있다. 편안하게 수영할 수 있으면 저절로 헤엄칠 수 있는 거리도 늘어난다. 그리고 두말할 필요도 없이 자연스럽게 오랫동안 수영할 수 있게 될 뿐만 아니라 진심으로 즐길 수 있게 될 것이다.

'편안하게 수영한다=세월아 네월아 천천히 수영한다'가 아니다. 즉 물의 저항을 줄인, 불필요한 움직임이 없는 수영이 가능해지면 동일한 템포로 해도 팔을 한 번 저었을 때의 거리가 늘어난다. 그렇기 때문에 아름답게 수영할 수 있게 되면 결과적으로 빠르게 수영할 수 있다.

아름답게 수영하기 위한
'포컬 포인트' 연습

포컬 포인트를 정하고 수영하는 것이 보다 아름답게 수영하는 데 효과적이다. 한 번에 여러 개의 포인트를 의식해서 수영하기란 매우 어려우므로, 1회 수영할 때마다 1개의 포인트를 설정하도록 하고, 수영을 마치면 설정했던 포인트가 잘 지켜졌는지 반드시 평가한다. 잘 지켜지지 않았을 때는 동일한 포인트를 의식하면서 다시 해보고 재평가한다. '한 가지가 잘되면 그 다음으로 넘어가는' 방법으로 드릴과 마찬가지로 하나씩 단계를 밟아서 체화시키도록 하자.

각 영법의 포컬 포인트는 다음 페이지에 정리해두었다. 1개의 포컬 포인트를 설정하고 2회 이상 수영해봐서 잘되지 않으면 해당 포컬 포인트를 갈고닦기 위한 드릴을 연습한다.

자유형의 포컬 포인트

카테고리	포컬 포인트	대응 드릴
균형	머리에 중심을 싣는다.	피쉬
	아래를 본다.	피쉬
	허리가 물에 뜬 느낌을 유지한다.	스케이팅
킥	다리가 뜰 정도의 작은 킥	스케이팅
	몸의 아래쪽에 있는 발로 물을 민다.	언더 스위치
동체의 회전	허리의 상하를 전환한다.	언더 스위치
	작은 구멍을 뚫고 지나간다.	언더 스위치
리커버리	팔꿈치를 '앞'으로 옮긴다. 들어 올리지 않는다.	지퍼 스케이트
	귀의 연장선상에서 입수	지퍼 스케이드
	2개의 레일에 맞춰서 뻗는다.	지퍼 스위치
	입수 깊이는 4시 위치	지퍼 스위치
	뻗은 손에 체중을 싣는다.	지퍼 스위치
앵커	기다리는 손	언더 스위치
	목에서 손끝까지 힘을 뺀다.	스케이팅
	허리의 회전으로 물을 끼얹는다.	언더 스위치
	아래쪽 발로 물을 미는 타이밍과 맞춘다.	언더 스위치
호흡	기다리는 손	스케이팅
	입부터 머리를 회전시킨다. 들어 올리지 않는다.	스케이팅

평영의 포컬 포인트

카테고리	포컬 포인트	대응 드릴
스트림 라인	수면 바로 아래를 곧게 뻗은 자세로 나간다.	호흡 없이 손을 움직이는 방법
	물속의 작은 구멍을 뚫고 지나간다.	스냅과 킥의 조합
	스트림 라인을 오랫동안 유지한다.	호흡하면서 손을 움직이는 방법
킥	발뒤꿈치는 무릎 아래까지 당긴다.	백 킥
	무릎을 당기지 않는다.	백 킥
	당기는 것을 가능한 한 늦춘다.	호흡하면서 손을 움직이는 방법
	손을 뻗은 다음 찬다.	스냅과 킥의 조합
손동작	어깨를 수면 가까이에서 움직인다.	호흡하면서 손을 움직이는 방법
	콤팩트한 동선	미니풀
허리의 가속	킥에 맞춰 허리를 가속해서 앞으로 내보낸다.	스냅과 킥의 조합
	호흡을 위해 내놓은 머리를 앞으로 내보낸다.	호흡하면서 손을 움직이는 방법
호흡	턱을 수면에서 떼지 않고 닿은 채로 호흡한다.	호흡 리허설

배영의 포컬 포인트

카테고리	포컬 포인트	대응 드릴
균형	얼굴 가장자리에 수면이 닿는다.	스위트 스폿
호흡	뻗은 손의 손바닥은 아래를 향한다.	리커버리 로테이션
	스위치 포인트에서 자세를 안정시킨다.	파셜 리프트
축(좌우의 스위트 스폿)	축을 고정한다.	피니시업 스위치
	똑바로 나가도록 수영한다.	캐치업 스위치
물을 민다	물속의 손 방향(아래→옆→뒤)	리커버리 로테이션
	허리가 위로 올라오면 손도 허리 앞으로	리커버리 로테이션
	뒤로 밀었다면 마지막에는 '물을 던진다'.	리커버리 로테이션
리커버리	물을 자르듯이 입수한다.	리커버리 로테이션
	물 위의 손 방향(안→바깥)	리커버리 로테이션
스위치	스위치 포지션을 고정한다.	피니시업 스위치
	스위치 포지션에서 물을 민다.	파셜 리프트
	어깨에서 양손이 오버랩된다.	피니시업 스위치
	물속의 손 깊이를 30cm로 한다.	피니시업 스위치
호흡	허리 동작과 손동작을 연동시킨다.	캐치업 스위치
	리커버리 전에 입으로 숨을 들이마셨다면 코로 계속 내뱉는다.	리커버리 로테이션

접영의 포컬 포인트

카테고리	포컬 포인트	대응 드릴
스트림 라인	수면 바로 아래를 곧은 자세로 전진한다.	바디 돌핀
	콤팩트한 몸의 웨이브	바디 돌핀
	물속의 작은 구멍을 뚫고 지나간다.	파도타기 드릴
	스트림 라인 때 속도를 높인다.	돌핀 다이브 플라이
동체의 힘	손으로 물을 젓지 말고 몸을 앞으로 미끄러뜨린다.	파도타기 드릴
	수면 위에서 돌리는 손을 이용해서 가속한다.	돌핀 다이브 플라이
킥	상체를 일으키지 않는 '스냅' 킥	바디 돌핀
손동작	어깨를 수면 가까이에서 움직인다.	파도타기 드릴
	착수는 2시와 10시 각도	돌핀 다이브 플라이
	마무리는 4시와 8시 각도	워터 엔젤
	조용한 착수	돌핀 다이브 플라이
호흡	앞을 보지 말고 1m 전방을 본다.	호흡 넣기
	손을 물속에서 벌린 반동으로 상체를 일으킨다.	호흡 넣기

빠르게 수영하기 위한 '스트로크 카운트' 연습

대회에 출전할 계획이 있는 사람이나 중·상급자들은 기록을 단축하고 싶고 더 빨리 수영하고 싶을 것이다. 이 책의 마지막 단계로, 더 빠르게 수영하기 위한 스트로크 개선 방법에 대해 설명하도록 하겠다.

후반부에서는 '스위밍 골프'라는 방법을 소개한다. 이는 스트로크 횟수와 걸리는 시간(타임)을 더해서 스코어를 계산하는데, 골프와 동일하게 얼마나 스트로크 횟수(골프의 경우는 1타, 2타라고 하지만)를 줄여서 거리를 길게 늘려 나갈지에 대한 연습이다. 구체적인 목표(수치)를 세워 연습할 수 있기 때문에 혼자서도 손쉽게 할 수 있다.

그럼 곧바로 시작해보자!

스트로크의 길이와 스트로크 속도의 관계

우선 스트로크란 무엇인가에 대해서 정의하자면 이 책에서는 '손을 젓는 동작과 이에 동반되는 다리를 차는 일련의 동작'을 뜻한다. 자유형과 배영에서는 왼손과 오른손이 따로 움직이기 때문에 좌우 각각을 1스트로크라고 한다.

1스트로크로 나가는 거리의 길이 = SL(Stroke Length)
1스트로크의 속도(단위 시간당 몇 번 젓는가) = SR(Stroke Rate)

이 2가지 측면에서 생각해보자.

연습할 때 천천히 수영하는 사람도 대회에 출전해서는 더 빨리 가려고 서두르게 되고 팔을 허우적거리기 때문에, 결국 시간을 단축하지 못하는 경우가 종종 발생한다. 이는 팔을 빨리 저어도(SR의 증가) SL이 짧아지기 때문에 전체적인 속도가 빨라지기는커녕 오히려 근육을 빠르게 움직인 탓에 저항이 늘어나 에너지 소비가 커지고 지치게 된다. 즉 SR과 SL은 반비례 관계에 있다고 할 수 있다.

SL, SR의 특징에 대해 정리하면 아래와 같다.

SL(스트로크의 길이)	SR(스트로크의 속도)
기술에 의해 변화한다.	연습량에 의해 변화한다.
숙달을 위한 열쇠는 두뇌다.	숙달을 위한 열쇠는 심폐 기능이다.
에너지 소비가 적다.	에너지 소비가 많다.
나이와 상관없이 개선이 가능하다.	향상시키는 데 연령에 따른 한계가 있다.
지속적으로 향상된다.	일시적인 향상이다.
늘어나면 편해진다.	늘어나면 힘들어진다.

TI 수영에서는 '스트로크를 좀 더 길게 한다'를 바탕으로 수영 기술을 연마한다.

- 한 단계씩 착실하게 연습한다.
- 장거리에서도 유지할 수 있도록 한다.
- 속도를 높일 때는 SR을 높여도 가능한 한 SL을 희생시키지 않는 것을 배운다.

편안하게, 빠르게 수영하는 데에 스트로크 길이(SL)는 중요한 열쇠가 된다. 이것에 충분한 주의를 기울이기 위해서 스트로크 횟수를 세는 습관을 들이고, 수영하면서 항상 의식하도록 한다.

스트로크 카운트 연습 1

자신의 스트로크 횟수의 '폭'을 안다

우선 자신의 스트로크 횟수를 파악하자.

스트로크 횟수를 세는 방법에는 여러 가지가 있는데, TI 수영에서는 '손이 입수할 때 카운트한다'로 정의한다. 예를 들어 자유형에서 발로 벽을 차고 물장구를 치면서 물속에서 1번 젓고 물에 떴을 때의 스트로크 횟수는 '0'으로 카운트한다. 반면 25m 도착 지점의 벽에 가까이 다가간 시점에서 수면 위에서 손을 돌리는 도중에 벽을 터치했을 때는 '1'로 카운트한다.

실제로 세어보면 스트로크 횟수가 동일하지 않다는 것을 알 수 있다. 특히 장거리를 계속 수영할 때는 서서히 스트로크 횟수가 늘어날 것이다. 또한 빨리 수영하려고 의식해서 헤엄치면 스트로크 횟수가 한꺼번에 3~4회 늘어날 수도 있다.

스트로크 카운트 연습에서 중요한 것은 1개의 스트로크 횟수에 신경 쓰는 것이 아니라, 그날의 컨디션이나 연습 내용에 따라 스트로크 횟수의 변화 '폭'을 파악하는 것이다. 이 변화의 폭을 작게 만드는 것, 또는 SR의 증가를 최소화하여 그 폭의 중심치를 줄이는 것이 스트로크 카운트 연습의 목표다.

스트로크 카운트 연습 2

스트로크 횟수를 줄인다

스트로크 길이를 늘이기 위해서 다음 스텝에서는 스트로크 횟수를 줄이는 데에 주목한다.

보통 스트로크 횟수를 줄이려고 하면 전체적으로 동작이 느려지기 마련이다. 여기서는 SR의 감소를 최소한으로 하고(즉 템포가 느려지지 않도록 하고), 스트로크 횟수를 줄이도록 한다.

연습 포인트는 ① 줄이는 기술을 익히고, ② 에너지를 집중시켜 추진력을 높이는 기술을 갈고닦는다.

1 줄이는 기술을 익힌다
- 자세로 인해 발생하는 물의 저항을 줄인다.
  : 앞뒤의 균형, 좌우의 균형, 뻗은 손의 방향, 머리의 위치
- 동작으로 인해 발생하는 물의 저항을 줄인다.
  : 머리의 상하 이동, 발로 차는 폭이 큰 킥, 기다리지 못하는 손, 축의 흔들림
- 자세로 인해 발생하는 진행 방향에 관계없는 힘을 줄인다.
  : 뻗은 손가락 끝의 긴장, 목의 긴장, 리커버리할 때에 손목의 긴장
- 동작으로 인해 발생하는 진행 방향에 관계없는 힘을 줄인다.
  : 물속에서 아래로 미는 손동작, 호흡 때문에 머리를 들어 올리는 동작

2 에너지를 집중시켜 추진력을 높이는 기술
- 앞으로 향하는 힘을 늘린다.
  : 입수 후에 손을 가속해서 뻗는다.
- 뒤로 향하는 힘을 늘린다(물의 저항력을 늘린다).
  : 더 넓은 손의 면적을 이용해서 물을 민다.

스트로크 횟수의 목표치를 정한다
스트로크 횟수는 신장이나 몸의 구성, 순발력, 기술 숙련도에 따라 다르다. 따라서 우선 자신의 스트로크 횟수와 변동 폭을 파악하고, 서서히 그 횟수를 줄여나가는 것이 가장 이상적인 접근 방법이다.

다음은 '실력이 향상되는 수영'에서 볼 수 있는 스트로크 횟수의 기준치(동양인 중심)다. 키가 큰 사람은 이것보다 적게, 키가 작은 사람은 많게 잡으면 된다.

'실력이 향상되는 수영'의 스트로크 횟수(동양인 기준)

	신장 170cm의 남성	신장 160cm의 여성
자유형	16	18
평영	10	12
배영	18	20
접영	12	14

*물속의 1회 젓기, 1회 차기는 제외함. (25m)

우선 이 수치를 목표로 스트로크 횟수를 줄이고, 목표가 달성되면 '보다 편안하게', '보다 짧은 시간에(보다 빠르게)' 동일한 스트로크 횟수로 수영할 수 있도록 한다.

한편 필요 이상으로 스트로크 횟수를 줄이려고 하면 근육이 장시간 긴장하는 등 오히려 지치게 된다. 스트로크 횟수가 줄어들지 않으면 스트로크 횟수를 줄이는 것보다 편안하게 수영하는 것에 연습 포인트를 옮겨보자.

스트로크 카운트 연습 3

스트로크 횟수를 늘린다

다음은 스트로크 횟수를 늘리는 연습이다.

스트로크 횟수를 줄이는 과정에서 효율적으로 수영할 수 있게 됐으므로 스트로크 횟수를 늘리면 효율성을 유지하면서 속도를 높일 수 있다.

스트로크 횟수를 늘리는 데 가장 중요한 것은, 효율적으로 전진할 수 있는 스트림라인 자세로 뻗어 있는 시간을 가능한 한 늘리는 것이다. 평소보다도 수면으로 손을 내놓는 위치를 앞으로 하고, 리커버리를 빠르게 하는 등 스트림 라인 이외의 동작에서 시간을 단축할 수 있는 부분을 찾아 스트로크 횟수를 늘려 나간다.

또한 평소의 스트로크 횟수에 대해서는 자유형과 배영의 경우 4, 평영과 접영의 경우는 2를 늘리는 양의 상한선으로 잡는다. 4스트로크를 늘려서 수영할 수 있게 되면 속도를 꽤 높일 수 있다.

스트로크 카운트 연습 4

스트로크 횟수를 컨트롤한다(Gear Ring)

마지막으로 스트로크 횟수를 자신의 뜻대로 컨트롤함으로써 시합에 대비하는 연습이다.

 25m의 자유형 스트로크 횟수를 18로 한 경우는 다음과 같이 하나씩 스트로크를 줄인 다음 이와 동일하게 늘려 나간다. 스트로크를 줄일 수 없었거나, 늘릴 수 없었던 경우는 반복해서 연습한다.

 제1세트 : 18(스트로크)
 제2세트 : 17(스트로크)
 제3세트 : 16(스트로크)
 제4세트 : 17(스트로크)
 제5세트 : 18(스트로크)

 제1세트와 제5세트는 스트로크 횟수가 동일하지만, 제5세트가 속도가 더 빠른 것을 느낄 수 있을 것이다. 다음은 동일한 방법으로 스트로크를 하나씩 늘려 나간다.

 제6세트 : 18(스트로크)
 제7세트 : 19(스트로크)
 제8세트 : 20(스트로크)
 제9세트 : 19(스트로크)
 제10세트 : 18(스트로크)

방금 전과 마찬가지로 제6세트와 제10세트는 스트로크 횟수가 동일하지만, 훨씬 더 편안하게 느껴질 것이다.

시합의 상황이나 조건에 따라 자신의 스트로크 횟수(스트로크의 길이)를 자신이 컨트롤함으로써 보다 편안하게, 보다 빠르게 수영할 수 있도록 하는 것이 이 연습의 목적이다. 마치 자전거나 자동차의 기어를 전환하는 것과 유사하여 '기어 링(Gear Ring)' 연습이라고도 부른다.

스트로크 횟수를 줄이는 것은 주로 효율성을 추구하면서 에너지를 저축하려는 목적으로 사용한다. 반면 스트로크 횟수를 늘리는 것은, 효율성은 유지하면서 공회전하지 않는 상태에서 속도를 높이려는 목적으로 사용한다.

오픈 워터 등 '벽'이 없는 시합에서는 스트로크 횟수를 셀 수 없다. 이런 경우에는 '템포 트레이너'(머리에 장착하는 수중 메트로놈)를 이용해서 스트로크 횟수에 해당하는 템포를 미리 몸이 기억하도록 하고, 그 템포를 경기에서 재현할 수 있도록 한다.

고도의 스트로크 카운트 연습, 스위밍 골프

속도를 높이는 가장 간단한 방법으로 '스위밍 골프'라고 불리는, 보다 효율적으로 빠르게 수영할 수 있는 방법에 대해 배워보도록 하자. 심박수를 계측하면 효과가 높은 고도의 연습이 가능하다.

스위밍 골프란 스트로크 횟수와 걸리는 시간(타임: 초)을 더한 스코어를 내는 연습이다. 이 스코어를 줄여 나감으로써 속도를 높일 수 있다.

스트로크 횟수와 시간의 균형을 살피면서 효과적으로 줄이는 것이 중요하다.

스위밍 골프 연습 1

연속해서 50m를 수영한다(예를 들어 자유형으로). 이때 시간(즉 속도)은 바꾸지 말고 스트로크 횟수를 줄인다.

예시:

스트로크 횟수의 합계 32+50초=스코어는 82

스트로크 횟수의 합계 31+50초=스코어는 81

스트로크 횟수의 합계 30+50초=스코어는 80

이보다 더 스트로크 횟수를 줄이면서 속도가 떨어지는 시점까지 반복해서 50m를 수영한다.

스위밍 골프 연습 2

연속해서 50m를 수영한다(예를 들어 자유형으로). 이때 스트로크 횟수는 유지하고 시간을 짧게(즉 속도를 빠르게) 한다.

예시:

스트로크 횟수의 합계 35+45초=스코어는 80

스트로크 횟수의 합계 35+44초=스코어는 79

스트로크 횟수의 합계 35+43초=스코어는 78

스코어를 개선하려면 동일한 스트로크 길이를 유지해야 하지만, 시간을 단축하기 위해 아주 조금 각 스트로크의 속도를 높인다. 만일 이들 스트로크가 속도로 변환되지 않는 경우는 동작 중에 효율성이 나쁜 부분이 있다는 뜻이므로 곧바로 수정해야 한다.

스코어와 심박수를 맞춘다

스코어와 심박수를 기록하면 스코어를 줄이는 것뿐만 아니라, 적은 심박수로도 동일한 스코어를 낼 수 있는 등 고도의 연습이 가능해진다.

수영장에 페이스 클락(분침과 초침만 있는 시계)이 있으면 경동맥을 가볍게 누르고 맥박을 재보자. 10초 동안의 맥박을 잰다. 다른 것과 비교하지 않을 것이므로 6을 곱하지 않고 숫자 그대로 사용해도 좋다.

스위밍 골프를 실시할 때마다 맥박을 잰다. 처음에는 시간을 고정하고 스트로크 횟수를 줄였을 때 맥박의 변화를 기록한다. 그 다음에는 스트로크 횟수는 유지하고 시간을 짧게 했을 때 맥박의 변화를 기록한다. 심박수를 늘리지 않고 스코어를 개선하는 접근 방법을 생각해보고 실행에 옮긴다.

스코어나 맥박을 기록할 때는 얇은 플라스틱판(문방구에서 구입 가능)에 2B와 같은 부드러운 연필(또는 플라스틱 샤프)로 기입하면 번지지 않고, 물기를 말린 후에 지우개로 지우면 여러 번 사용할 수 있다.

용어 풀이

기다리는 손 : 호흡할 때나 자세를 좌우로 바꿀 때도 뻗은 손은 가능한 한 그 상태를 유지해야 하는데, TI 수영에서는 이를 '기다리는 손'이라고 부른다.

뉴트럴 포지션 : 허리나 발이 가장 잘 뜰 때의 머리 위치를 '뉴트럴 포지션'(중립의 위치)라고 한다.

리커버리 : 수면 위에서 손을 앞으로 되돌리는 동작을 말한다.

바디 돌핀 : 접영에서 리드미컬한 웨이브를 만들어내는 기본 동작. 발에는 별로 힘을 주지 않고 가볍게 모으고, 돌고래처럼 상반신이 만든 몸의 웨이브를 발가락 끝까지 느끼도록 한다. 밀었던 가슴에서 힘을 뺄 때 무릎을 가볍게 살짝 굽히고, 가슴을 밀 때 발가락 끝을 스냅시킨다.

바디 스캐너 : 뉴트럴 포지션을 발견한 후 CT스캐너에 들어간다고 상상하면서 연습한다. '머리끝 → 목 → 어깨 → 등 → 양쪽 어깨 → 양쪽 손바닥 → 허리 → 무릎 → 복사뼈 → 발끝'의 순으로 힘을 빼고 긴장을 푼다. 이를 TI 수영에서는 '바디 스캐너'라고 부른다. 의식적으로 힘을 빼려고 하면 잘 안 되므로, 우선 각 부위를 힘껏 긴장시킨 다음 한 번에 힘을 빼면 좋다.

스니키 브레스 : 얼굴이 위를 향하는 자세가 안정되면 뻗은 손을 가능한 한 아래쪽에 둔 채로 어깨 회전을 최소화하고, 물안경과 입이 수면 바로 위로 드러났을 때 재빨리 호흡한다. TI 수영에서는 이를 '스니키 브레스(sneaky breath)' 자세라고 한다. 자유형에서는 스니키 브레스로 호흡한다.

스위치 : 스위치란 좌우측을 전환시키는 동작으로, 동체로 전진하는 TI 수영의 엔진에 해당하는 동작이다. 스위치 직전에 뻗은 손의 손목에서 손끝까지 힘을 빼면 손바닥이 뒤를 향하여 물을 쉽게 밀 수 있다. 손바닥만이 아니라 어깨 전체로 물을 미는 한편, 입수한 손과 동체를 이용하여 가속하면 몸이 앞으로 미끄러져 나가는 것을 느낄 수 있을 것이다.

스위트 스폿 : 균형 잡힌 자세에서 긴장을 풀어 편안한 마음으로 안정되게 물의 지지를 받는 감각을 체험한다. 또한 동체 회전의 올바른 각도를 익힌다. 자신이 가장 편하게 느껴지는 각도나 자세를 찾는다는 의미에서 '스위트 스폿(Sweet Spot)'이라고 부른다.

스케이팅 : 스케이팅은 TI 수영에서 말하는 자유형의 기본 자세다. 아이스 스케이트의 날을 상상해보자. 쭉 뻗은 손은 어깨보다 낮은 위치에 두고, 머리를 물속에 넣은 채로 아래를 바라보면 중심이 앞쪽으로 이동하고 허리와 발이 뜨게 된다. 왼쪽 스케이팅 자세와 오른쪽 스케이팅 자세를 교대로 실시하면 편안하고 아름다운 자유형으로 발전시킬 수 있다.

스트림 라인 : 손발이나 몸을 곧게 편 자세를 말한다. 평영의 경우, 스트로크의 시작과 끝은 스트림 라인 자세가 된다. 물고기처럼 물속에서 일자로 곧게 편 자세로 미끄러지듯이 앞으로 나간다. '미끄러지듯이 나갈 때'가 가장 저항이 적고, 가장 빠른 속도로 나간다.

액티브 밸런스 드릴 : 배영의 드릴 연습에서 '왼쪽으로 회전 — 정면 — 오른쪽으로 회전 — 정면 — 왼쪽으로 회전' 순으로 반복한다. 이를 '액티브 밸런스 드릴'이라고 부른다. 몸의 축을 의식하고, 축을 중심으로 회전하도록 한다.

앵커 고정 : 접영의 파도타기 드릴에서 팔꿈치를 가볍게 굽히고 팔꿈치를 고정한 상태로 손바닥으로 물을 민다. 이 동작을 '앵커 고정'이라고 부른다.

언더 스위치 : 언더 스위치에서 동체의 회전으로 추진력이 생기는 '스위치'를 연습한다. 스케이팅 자세를 취하고, 위치를 정한 '기준'을 향해서 왼손으로 물속의 구멍을 열듯이 가속해서 움직이고 좌·우측을 전환한다. 이 동작을 '스위치'라고 한다. 스위치가 끝나면 정지하고, 왼손을 뻗은 스케이팅 자세가 되었는지 확인한 다음 이를 반복한다.

언더 스케이트 : 언더 스케이트는 양손의 역할을 바꾸는 타이밍을 찾는 연습이다. 자유형에서는 리커버리를 수면 위에서 하기 때문에 타이밍을 눈으로 볼 수 없다. 따라서 수면 아래에서 손을 뻗는 동작을 하고 눈으로 보고 확인할 수 있도록 하는 것이 언더 스케이트와 그다음 단계의 드릴인 언더 스위치의 목적이다.

오버 스위치 : 오버 스위치는 지퍼 스위치에서 리커버리할 때 수면 아래 있었던 손바닥을 잠시 수면 위로 내놓아 자유형의 완성형을 만들기 위한 드릴이다. 우선 리커버리와 입수 동작을 익히고 나서 물을 미는 동작을 익힌다.

워터 엔젤 : 긴장을 푼 상태의 손을 수면을 끌어안듯이 움직이는 연습이다. 입수의 위치, 손을 수면으로 내놓는 위치를 익혀야 한다.

지퍼 스위치 : 지퍼 스위치는 언더 스위치와 마찬가지로 동체의 회전으로 추진력을 얻는 드릴이다. 손가락 끝을 물에 넣은 채로 움직임으로써 움직이고 있는 손의 현재 위치를 손이 아래를 향하고 있어도 알 수 있다. 팔꿈치가 귀의 수평선상에 도달하면 스위치를 한다. 손의 입수 장소가 귀에서 멀어지면 타이밍이 맞지 않으므로, 가능한 한 귀의 수평선상에서 입수하도록 노력한다. 또한 입수 시에 손은 수면과 수직 또는 예각을 이루도록 하는데, 입수 후에 손이 움직이는 궤도는 언더 스위치와 동일하다.

지퍼 스케이트 : 리커버리할 때 '중심을 폐로 옮기는 감각'을 익히는 드릴이다. 몸의 옆구리에 위치한 지퍼를 올리듯이 손을 움직인다는 의미에서 '지퍼 스케이트'라고 부른다.

참을성 있는 캐치 : 추진력을 얻는 가장 효과적인 방법은 손을 뻗은 상태에서 물을 미는 '참을성 있는 캐치'와 '동체의 엔진'의 조합이다. '참을성 있는 캐치' 덕분에 손으로 물을 저을 때 근력에 심하게 의존하지 않게 된다. 손으로 물을 자르듯이 입수시켜 되도록 물보라나 거품이 일어나지 않게 했다면 손바닥을 아래로 향하게 해서 몸을 안정시킨다.

피니시업 스위치 : 손동작의 시작과 종료는 허리의 옆쪽이었지만, 스위치 포인트로 이동시키면 부드러운 스위치 동작이 가능해진다.

피쉬 드릴 : 물고기와 같은 자세를 취하기 위한 드릴을 '피쉬 드릴'이라고 한다. 피쉬 드릴은 다음 단계의 드릴에서 중요한 '머리와 몸을 일직선으로 만드는 자세'를 위한 사전 준비라고 할 수 있다.

감수자의 말

TI 수영법은 물속에서 느낄 수 있는 감동과 즐거움을 극대화하고, 수영을 편안하고 아름답게 할 수 있는 방법을 알려준다. 이러한 매력 덕분에 세계 21개 수영 선진국에서 가장 사랑받는 수영법으로 유명하다. 이를 처음 접하는 스위머들은 TI 코치 강습과 스윔 살롱, 워크숍, 수영 교재 등 다양한 경로로 TI 수영을 배운다.

그러나 국내에서는 지금까지 TI 수영을 바르게 배운 코치가 적은 데다 TI 수영 한국어 교재가 없어, 기존 수영법을 기초로 배운 일부 스위머들이 스스로 배우고 가르치면서 일정 부분이 왜곡되어 전해져왔다.

TI 수영은 기존 수영법과 다르다. 대표적으로 TI 수영은 추진력을 만들기 위해 일반 수영처럼 킥을 차거나 손으로 물을 잡는 대신, 스위머 자신의 몸을 사용해 밸런스와 스트림 라인으로 추진력을 만들어낸다.

TI 수영 창시자이며 40년 이상 경력의 코치인 테리 래플린의 한국어판 교재를 보누스출판사에서 출간하게 되어, 이제 국내 스위머들이 기존 수영법과 TI 수영법의 차이점과 장점들을 쉽게 이해할 수 있게 되었다.

이 책은 TI JAPAN 다케우치 신지 코치가 번역한 일본어판의 사진을 추가로 수록해, 먼저 TI 기본 개념을 이해한 다음 TI 수영에서 소개하는 기술들을 하나하나 단계별로 연습하면서 마스터하는 데 도움을 줄 것이다. 책에서 소개하는 방법대로 따라 하면 TI 수영이 자연스레 몸에 배도록 구성되어 있어, 연습할 때마다 스위머의 실력이 비약적으로 발전함을 느낄 수 있을 것이다.

TI International Coach인 나는 2년이라는 짧은 시간에도 불구하고, TI 수영의 놀라운 매력을 직접 경험한 후 수영인으로서 새로운 삶을 살고 있다. 현재 TI 한국 코치들을 양성하고, TI 수영을 바르게 배워 수영하기를 원하는 스위머들과 함께 TI KOREA를 준비하고 있다. 또한 TI 코치로서 활동하며 개발한 "세상에서 가장 편안한 폴의 배영"을 국내에 전하고 있다. 아울러, TI 수영을 일반 스위머들도 쉽게 접하고 배울 수 있도록 하기 위해, 미국과 일본 등의 다양한 TI 수영 디지털 콘텐츠와 E-Book을 한국어로 진행하고 있으며, 2015년 초에 개관할 TI Int. Coach Paul의 수영 살롱과 정규 TI 강습을 위한 수영장도 준비 중이다.

  이 책이 수영을 사랑하는 여러분께 많은 도움이 되길 바라며, 책의 내용이나 드릴을 연습해보고 이해하기 어렵거나 실제로 잘 되지 않는 동작이 있다면 tikoreapaul@gmail.com로 연락하길 바란다.

  또한 TI KOREA에서는 미국, 일본과 같은 방식으로 프로그램의 워크숍과 연습회를 개최하고 있으니, TI 수영을 배우길 원하는 스위머라면 프로그램에 참여해 최신 버전의 TI 수영을 다른 스위머들과 함께 코치에게 직접 보고 배우시길 권한다.

  끝으로 한국어 번역본이 출판되기까지 수고하신 보누스출판사에 진심으로 감사드리며, 세계적으로 사랑받는 TI 수영을 직접 배우고 체험하기 위해 도전하는 TI 코치(예비) 및 스위머들께 깊은 감사와 격려의 마음을 전한다.

Swim Smarter, Better… Faster

TI 한국 스위머 여러분 모두가 편하고, 아름답고, 빠르게 수영하고, 대한민국이 수영 선진국이 될 날을 진심으로 바라며.

폴 안 Paul Ahn

(http://cafe.naver.com/tikorea2014, http://me2.do/xcqnrlss)

옮긴이 정지현

충남대학교 자치행정과를 졸업한 후 번역에이전시 하니브릿지에서 아동서 및 소설 전문 번역가로 활동하고 있다. 주요 역서로는 《대화의 심리학》《나를 괴롭혀라 : 좀 더 일찍 알았더라면 좋았을 모든 것》《세계의 나라들 - 프랑스》 등 다수가 있다.

옮긴이 김지영

전남대학교 영어교육과를 졸업하고 다년간 영어 학습 관련 콘텐츠 전문가로 활동하고 있다.

테리 래플린의
TI 수영 교과서

1판 1쇄 펴낸 날 2014년 10월 15일
1판 6쇄 펴낸 날 2019년 12월 20일

지은이 | 테리 래플린
감　수 | 폴 안
옮긴이 | 정지현, 김지영

펴낸이 | 박윤태
펴낸곳 | 보누스
등　록 | 2001년 8월 17일 제313-2002-179호
주　소 | 서울시 마포구 동교로12안길 31
전　화 | 02-333-3114
팩　스 | 02-3143-3254
E-mail | bonus@bonusbook.co.kr

ISBN 978-89-6494-148-5 13690

- 책값은 뒤표지에 있습니다.
- 이 도서의 국립중앙도서관 출판예정도서목록(CIP)은 서지정보유통지원시스템 홈페이지(http://seoji.nl.go.kr)와 국가자료공동목록시스템(http://www.nl.go.kr/kolisnet)에서 이용하실 수 있습니다. (CIP제어번호: CIP2014027050)